沟通力法则
HAPPY HAPPY

〔瑞典〕拉尔斯–约翰·艾吉（Lars-Johan Åge）—————— 著

屈佩————译

中国友谊出版公司

图书在版编目（CIP）数据

沟通力法则 /（瑞典）拉尔斯-约翰·艾吉著；屈佩译 . -- 北京：中国友谊出版公司，2021.3

书名原文：Happy Happy

ISBN 978-7-5057-5134-7

Ⅰ . ①沟⋯ Ⅱ . ①拉⋯ ①屈⋯ Ⅲ . ①谈判学－通俗读物 Ⅳ . ① C912.3-49

中国版本图书馆 CIP 数据核字（2021）第 027896 号

著作权合同登记号　图字：01-2021-1164

© Lars-Johan Age 2019 by Agreement with Grand Agency, Sweden, and Andrew Nurnberg Associates International Limited, UK.

书名	沟通力法则
作者	〔瑞典〕拉尔斯-约翰·艾吉
译者	屈佩
出版	中国友谊出版公司
发行	中国友谊出版公司
经销	新华书店
印刷	河北鹏润印刷有限公司
规格	880×1230 毫米　32 开
	7 印张　125 千字
版次	2021 年 3 月第 1 版
印次	2021 年 3 月第 1 次印刷
书号	ISBN 978-7-5057-5134--7
定价	48.00 元
地址	北京市朝阳区西坝河南里 17 号楼
邮编	100028
电话	(010) 64678009

目 录
CONTENTS

序　章

让每个人都满意的沟通力法则

沟通力法则的五大步骤

实现高效沟通的必备能力

无法达成共识的三个后果

合作，是一种天性

如果我们的想法能够得到更多人的支持，我们的生活会变得更好吗？答案是肯定的。

无论是在工作中、在家里或是在休闲时光中，得到更多人的支持，不仅能提高我们的生活质量，而且会增加我们获得成功的机会。

许多人认为取得胜利就是取得了成功，在某些情况下的确如此。但是，在多数情况下，成功意味着在沟通中与他人达成一致，让每个人都满意。

接下来本书将教你如何在沟通中做到让每个人都满意。这是我的一项研究成果，也是我终生兴趣所在。

谈判是我期待已久的研究课题。在博士阶段，我对取得成功的各种关键要素进行了研究；完成博士论文之后，我进入了斯德哥尔摩经济学院（Stockholm School of Economics），对在电子商务领域取得成功的谈判专家进行了研究。从小我便在大哥和小弟之间周旋，我对谈判再熟悉不过了。

数年间，我对世界上最优秀的谈判专家进行了研究，包括商业界和外交界的谈判翘楚、瑞典警方和美国联邦调查局（FBI）的谈判专家。通过研究，我发现成功的谈判专家身上都有一些共同的特点，他们在谈判中都会遵循一些特定的步骤。

这些发现已经在经济学、心理学和行为科学等研究领域得到了验证。对于在谈判中行之有效的手段，谈判专家和理论研究者似乎达成了一些共识。

我的相关研究成果一经发表就引起了包括 FBI 在内的数个机构的关注。这些研究成果不仅对商人、外交官和谈判专家有效，对于我们平日一些需要沟通的场合也同样适用。

沟通力法则的五大步骤

通往成功仅需五个步骤，这也是你手里拿着的这本书涵盖的所有内容。按照这五步走，不仅能让你得到更多人的支持，同时，当你遇到和你的世界观大不相同的人的时候，也能促进你和他们的合作。

共赢（Happy-Happy）[1] 与"双赢"（Win-Win）有着本质的区别。现在，让我们来详细地讨论这两者之间到底有什么区别。

积极心理学认为"快乐"是一种情感体验，指因经历一些有意义的事情而获得的满意感。这种感觉在达成一致时可以直接获得。此外，达成一致还可以让我们获得认同感。而获得的认同感将在更大的语境中发挥效用，这一点将在下文中进行进一步的讨论。

接下来的章节将对通往成功的五个步骤进行具体的介绍。在本章接下来的部分，我想先解释一下达成一致有什么价值、共赢与双赢之间的不同之处，以及这五个步骤与我们的大脑机能有什么联系。

1　Happy-Happy 为作者提炼的沟通力法则应该要达到的目标。意为"共赢"更贴合本书内容。

沟通力法则的五个步骤：

第一步：保持积极心态。拥有一个积极的感觉，能够让我们更容易与他人达成一致。

第二步：开始思考。在谈话之前做好充足的准备，想清楚什么是你心目中最重要的事情。如果有时间，你还可以想一下什么是对方心目中最重要的事情。仔细考虑一下备选方案。

第三步：建立良好的人际关系。展现你对对方的好奇和理解。

第四步：选择合适的用语。尽量避免站在自己的立场上讨价还价，而要将对话引向建设性的方向。

第五步：准备一个 B 计划。如果谈话进行不下去了，启动 B 计划可以帮助你继续下去。

保持积极心态

⬇

开始思考

⬇

建立良好的人际关系

⬇

选择合适的用语

⬇

准备一个 B 计划

⬇

高效沟通

实现高效沟通的必备能力

如何才能做到高效沟通呢?

下面是我的总结:

- 在开始谈话之前保持愉悦的心情和良好的态度。

- 即使听到一些自己不太喜欢的言论也要保持积极的心态。

- 弄清楚自己和对方究竟想要什么。

- 在事与愿违的时候,知道如何应对。

- 明确什么该说、什么不该说。

- 了解如何应对不合作的人。

- 知道怎么做才能让每个人都满意。

还有一点非常重要的是,获取成功的过程和成功的结果同等重要。成功往往不是一蹴而就的。在与某人达成一致之前,我们通常需要花上一段时间与其进行交往(我们将在第一章详谈),而整个交往的过程则是我们取得成功的关键所在。

无法达成共识的三个后果

为了找到和我们志同道合的人,我们首先要弄清楚自己想要的是什么。(后面我们会谈到,要弄清楚自己想要的是什么其实并不容易。）其次，我们要能清晰地阐述自己的观点和想法，这样才能从他人那里得到反馈。得到他人的反馈之后，我们需要做出调整和改变。同时，我们也要具有创造力，想出有新意的解决办法。甚至有时我们不得不与不愿意合作的人达成一致。

这一切并不容易做到，但是如果我们能做到，这会给我们的生活带来很多好处。

然而如果没有成功，这会给我们带来什么样的后果呢？美国哈佛法学院（Harvard Law School）对这一问题进行了深入的研究。他们在 20 世纪 80 年代初展开了一项名为 PON（谈判方案，Program on Negotiation）的研究，这项研究也是目前在谈判和冲突研究领域中颇具权威的研究。通过实验，研究人员发现谈判破裂会给我们带来三大坏处：

- 浪费时间和精力。
- 人际关系恶化。
- 做出不明智的决定。

无论大事小事，只要谈判破裂就会带来上述三大不良后果。

1961 年，时任美国总统肯尼迪为了阻止军备竞赛，开始全面推行禁止核武器试验。为了确保这一禁令的落实，肯尼迪希望美国和苏联能够互相监督，定期到对方领土上视察。为此，苏美两国就到对方领土上视察的次数进行了谈判（讨价还价）。

美国人说："我们一年要视察 10 次。"

苏联人回答："10 次太多了，最多 3 次。"

"3 次？不行，"美国回应道，"10 次！"

"不行！最多 3 次！"

"3 次？你开玩笑吧！"

我不知道这些对话是否真实地反映了当时的谈判，但是可以确定的是，双方在谈话中反复表明自己的立场，互相批评埋怨，最终导致了谈判破裂。而谈判破裂带来的后果就是双方长达 30 年的军备竞赛。军备竞赛没有给各国带来任何实质性的好处，反而使各国一直深陷核战争随时会爆发的担忧中。这次谈判破裂也带了三大坏处：浪费双方的时间和精力；恶化双方关系；让双方做出了不明智的决定，开展了长达 30 年的军备竞赛。

日常生活中的谈判破裂同样会带来这三大坏处。虽然，这些与军备竞赛和战争相比算不上什么大事；但是它确实也会浪费我们的时间，恶化我们的人际关系，让我们做出让自己后悔的决定。

合作，是一种天性

在工作生活中，与他人达成一致、展开更好的合作能够提高我们的生活质量。

不管你的工作是什么，教师、中层管理者、项目负责人、推销员或工人，似乎所有人都在尽力与他人达成一致，无论对方是你的父母、学生、员工、顾客，还是同事。

设法与他人达成一致成了大多数人工作和生活的核心。我们将大部分的时间都花在了工作上，在工作中，我们经常会遇到需要与他人合作的情况。但是，每个人对这件事或那件事都有着不同的想法。同时，我们也需要处理很多人际关系，比如与同事的关系、与领导或员工的关系等。

安妮·麦基（Annie McKee）是一名致力于研究快乐情感的研究者，她在《如何快乐工作》（*How to be Happy at Work*）一书中提到了一个如何让自己在工作中更快乐的方法：

"如果我们想让自己在工作中更快乐、更充实，最好的方法就是和同事，甚至是和领导建立良好的人际关系。"

良好的人际关系不仅能给我们带来满意感，有时，还能在一些关键时刻起到决定性的作用。也就是说，良好的人际关系是取得成功的基础。研究人员发现，在家工作（无法与同事见面）能提高 13% 的工作效率，但同时，这也会减少 50% 的升职机会。研究还表明，良好的人际关系不仅会给我们自己带来正面的影响，同时还会给其他人，如同事、组织、客户和股东带来积极的影响。

沟通力法则的五个步骤可以帮助我们在工作谈判中与对方达成一致，同时在和家人、房屋中介或者足球俱乐部主席谈判时，我们也可以使用这五个步骤。因此，我在本书的第八章，举例说明了在工作场所以外如何使用这些步骤。

从无意识地、有能力到有意识地、有能力

事实上，我们天生具有与他人合作、达成一致的能力。我们也可以在后天进一步提高这一能力。

我写这本书的目的正是在于帮助你提高这一能力。即使你在这方面天赋异禀，我仍有很多技巧需要教给你，帮助你进一步提高对自己行为的认识，更好地应对某些问题，做出更正确的决定。

换句话说，这本书能够帮助你将这一天生的能力从"无意识地、有能力"转变为"有意识地、有能力"。这二者之间存在着很大的区别。

比如，科学实验表明，共进午餐能够增加我们达成一致、展开良好合作的机会，因为在用餐过程中，我们会下意识地模仿对方的动作。这会触发大脑中与合作相关的神经元，增加我们进行

合作的可能性。[1] 比如，明天早上有人打电话给你，问你想不想一起共进午餐或喝杯咖啡，如果你知道应该如何回应对方，那么你就具备了有意识合作的能力。

我相信，通过提高相关认识（或意识），学习相关沟通技巧，将进一步提高你的能力，帮助你在实践层面获得成功。比如，每月和某人见一次面，在一年内与她／他达成一致。

在后面的叙述中，我将介绍共赢的内涵和概念组成——满意、合作、良好的人际关系和共同的未来，以及各个组成元素之间的关系。

---

[1] 纽约康奈尔大学（Cornell University）研究人员经研究发现，经常和他人一起用餐的消防队员，比那些经常独自用餐的消防队员，在紧急任务中能够和他人进行更好的合作。

第一章

沟通力的成功在于共赢

共赢的四大面向：满意、人际关系、合作和未来

共赢沟通力：让合作顺利进行

我写这本书的初衷是为了帮助你实现目标：和他人达成一致——以一种双方都满意的方式。

当然，我们有时候会遇到无法和对方达成一致的情况。这个时候，你可能会选择放弃，找一个和自己合拍的人进行合作。但事实上，只要能避免一些常见错误，使用得当的方法，你完全可以与这个和你有着不同想法的人展开合作。常见的错误有两种，一种是错误的态度和不当的方法，比如没完没了地重复自己的要求和立场，忽视了对双方都具有重要意义的东西；而另一种则是无法使偏离正轨的谈话重新回到正轨。

本书中的五个步骤不仅有助于你避免这些常见的错误，还能帮助你在谈话中创造一种融洽的气氛，甚至在一些对你不利的情况下，比如对方正在气头上、对方不愿让步、对方不相信你，或者对方根本不想合作时，帮助你与对方达成一致。

下面，我将介绍共赢的概念和含义，以及它如何能帮助我们更好地行动和思考。

共赢的四大面向：满意、人际关系、合作和未来

共赢的概念有四个元素组成：满意、人际关系、合作和未来。

共赢与满意

共赢这一术语本身就包含让双方同时感到满意的含义。[1] 我们可以通过融洽的对话（过程）、互利的决定来让双方同时感到满意。

互利意味着在做决定的时候充分考虑到了双方各自的利益需求。取得互利的决定也是沟通力法则的核心任务。

同时让对方满意也是沟通力法则的任务之一，即使你不可能实现对方的愿望。为了进一步阐明我的想法，我想举一个例子。

在一次实验中，研究人员将数名法律系的学生分成两人一组，要求他们对游泳池的修建问题进行讨论。两名学生中，其中一名学生扮演一位业主的律师，另一名则扮演建筑公司的律

1　人们有时会问我，在人质事件中，可不可以做到皆大欢喜。实际上当然可以。诚然，当劫持者解除武装的时候，他们很少会微笑着离开；但是，当他们事后进行反思的时候，他或她常常——抛开其他的一切——对最后的结果感到满意。

师。该业主因为游泳池没有按照合同修建而感到非常不满；建筑公司的律师则因为该业主没有按照约定的金额付款而不满意。这两名学生需要按要求设法找到问题的解决办法。讨论结束之后，研究人员要求学生们对他们的讨论过程和最终的结论进行评估。

你认为这个实验会得出什么样的结论？你认为讨论的过程会对最终的结果造成影响吗？答案是肯定的。据调查，在讨论的过程中有着积极体验的学生更容易对最终的解决方案感到满意，也更容易接受最终的解决方案。除此之外，有过积极体验的学生也能做出更好的决定。积极的体验给参与讨论的双方都带来了更大的好处。

那么，如何才能在讨论的过程中获得积极的体验呢？答案是尊重、倾听、良好的动机和信任。

研究者将这一现象总结为"程序正义"（procedural justice），强调做出决定的过程和最终的结果同样重要。FBI 的探员也强调，面对劫匪的时候，无论这个劫匪犯了什么错，都要给予他／她尊重。这样做并不是因为这个罪犯值得尊重，而是因为这样做可以让问题得到更好的解决。

我的观点是：沟通的过程与最终得到的沟通结果同等重要。我们的客户、老板或合作伙伴在乎的不仅是最终的结果，还有沟通的过程。因此，共赢中的满意指的不仅是对达成一致的结果或最终的决定感到满意，也是指对整个沟通过程感到满意。而整个沟通过程则包含前文提到的沟通力法则的五个步骤。

共赢与人际关系

想象一下，如果两个人已经交涉了一段时间，并且他们都露出了满意的神情，人们很可能会认为他们之间的关系很好。但是如果这两个人不是在愉快地聊天而是在打架，即使最后他们都觉得是自己"获胜了"，人们也会认为他们之间的关系不太好，因为他们没有彼此尊重。

良好的人际关系是让沟通双方满意，让最终的决议得到执行的一个必要条件。因此在使用沟通力法则的五个步骤时，我们需要随时注意与对方保持一个良好的人际关系。

共赢与合作

将生活视作一场竞争会让我们很难与他人达成一致。研究结果表明，将生活视作一场竞争会让我们觉得自己一直处于竞争中，或是一直处于零和博弈之中——一方的得利是另一方的损失。相关实验发现：

- 尽管竞争是存在的，但它并不像我们想象的那么普遍。

- 将合作情景误当作竞争情景，会给自己带来不必要的麻烦。

此外，沟通力法则的五个步骤也可以用作合作邀请，可以帮助我们将一些竞争情景转化成合作情境。

共赢与未来

如果本书的书名是"成交"的话，那么我就不需要在这里介绍这五个步骤了。因为如果本书的重点是"成交"的话，只要他人认同我们的提议就足够了。

不巧的是，本书的书名是《沟通力法则》，它关注的重点是如何做到高效沟通，如何与他人一起前进。我们应该对双方共同的未来负责，因此，在实施双方的决定的时候，我们不能把遇到的问题完全推给他人，我们应当与对方一起解决问题。

如果用发展的眼光来看待沟通的话，达成一致并不是沟通的终点。在达成一致之后我们不能松懈下来，相反，我们应当将最终的决议以及我们得到的"是的"，看作下一步的开始。

共赢和双赢一样吗

也许很多人会说："拉尔斯，共赢和双赢不是一回事吗？"

它们当然不是一回事。我在研究报告中提到过，双赢实际上是一条红鲱鱼（用以转移我们的注意力）。当然，双赢的局面比只有一个人得利的局面要好得多，但对我们来说，这并不是一个理想的情况。

第一，双赢的说法让沟通听起来像是一场比赛。

第二，双赢的说法会让我们认为，对于我们来说唯一重要的是我们得到了什么。当我们还是孩子的时候，我们可以在谈话中使用双赢的概念，比如我们在周六得到了什么样的零食。但是如果我们讨论的是新的工作或是假期的旅行计划的时候，或者当我们和一个青少年讨论周六晚上回家的时间的时候，双赢的概念还有用吗？

第三，双赢的概念会让我们认为沟通的过程并不重要，最终的结果才是最重要的。但事实上，如果整个沟通的过程不愉快的话，最终的结果往往也是不愉快的。

第四，双赢还忽略了一个我刚才描述的事实：达成一致并不是事情的结束。我们很容易认为，达成一致、获得双赢，我们的目的就达成了。但合作往往是在达成一致之后才真正开始。

最后，双赢的说法会让我们误认为，我们之间的关系或者我们的行事方式，并不那么重要。因此，当对方在执行最终的决定时遇到了问题，我们会认为这些都是他们的问题，和我们无关。

共赢沟通力：让合作顺利进行

语言是一个非常有力量的工具，描述会直接影响想法。研究人员发现，如果将城镇罪犯的行为描述为像"野兽"一样，实验参与者会提出类似"防范病毒"的措施，控制罪犯行为。听到经济"陷入困境"这样的描述，实验参与者就会将经济比作一辆陷入泥泞轨道的汽车，提出经济需要重新启动的建议。

有时候，共赢可以提醒和规范你的行为，将你与他人达成一致的机会最大化。

比如当你和伴侣、领导或朋友一起讨论的时候，你可能会产生"皆大欢喜，我要让我们都开心"的想法。这种隐隐的想法，事实上会对你如何处理分歧产生很大的影响。当陷入激烈争论的时候，你可能会对自己说："这并不能做到皆大欢喜，让我们都开心。我能做些什么来改变这种情况呢？"

这个想法能帮助你将好胜心抛在脑后，将注意力集中在如何将谈话引到更有建设性的方向上。

在无论如何都无法做到让每个人都满意的时候，共赢的概念会引导你礼貌地对对方说"不，谢谢"，然后离开，找到一个和你合拍的人。

因此，共赢不仅是这五个步骤最终的目标，同时它也会存在于整个沟通的过程中。

我已经解释了共赢的概念含义，但是在我们开始讲第一步之前还有一件事要做，那就是对我们的大脑有一定的了解。在下一章中，我将简单地回顾一下，当我们在重要事情上遇到一个与我们想法不同的人时，我们的大脑会发生什么变化，以及为什么我们需要了解大脑的工作原理。

请记住

- 达成一致意味着找到一条与双方共同前进的道路，在试图达成一致的时候，我们需要关注以下几点：**满意、人际关系、合作和未来**。
- 达成一致并不是合作的终点，在决议的实施过程中，对方遇到的问题和挑战也是你的问题和挑战。
- 共赢既是我们的目标，同时也存在于整个沟通的过程中。

第二章

沟通力法则的基础：与对方的大脑对话

大脑"总经理"：处理信息与保持冷静

非理智"爬虫脑"：停止思考、失去理智

镜像神经元：换位思考和同理心的基础

我们的情绪不断受到眼前闪现的新画面、刚发射到月球的火箭、传到耳边的声音的影响，但是无论我们的情绪如何波动，它们始终是我们自己的情绪。

——默斯·康宁汉（Merce Cunningham）

脑细胞是如何运作的？大脑中的各个部分是如何连接的？还有一些我们可能听说过但不记得的大脑各部分的学名是什么？大多数读者对大脑的细节并不是很了解。但是，如果你想要提高自己与他人达成一致的能力，那么就有必要获取一些关于大脑的常识。这些常识会让你在与他人的沟通中获取很大的优势，因为和你沟通的对象其实是他人的大脑。在给学生、商人和人质谈判专家上课的时候，我总是将大脑的简短介绍作为课程的开始。

接下来我将对脑部敏感组织、脑部非敏感组织和镜像神经元进行介绍。

大脑"总经理"：处理信息与保持冷静

所有重要的决定都需要经过大脑的"总经理"，其学名叫作"额叶"，位于前额的后面，负责大脑的管理和组织。额叶能够让我们保持理性，从不同角度分析问题，做出明智的决定。额叶，像一个身居高位的人一样，要求大脑将所有的信息首先汇总到它这里，经过它的处理之后，再将这些信息迅速传递给其他部门。

简单来说，信息流的工作流程如下：信息通过感官直接进入额叶；额叶将信息迅速分类后，将信息传递到大脑其他中心；然后我们就可以移动我们的身体或者说话。

比如，某一天早上，你想出了一个绝妙的主意，等不及想要和你的朋友或者同事见面。你想象着你可以在与他／她一起用餐的时候，自然地谈起这个主意，从他／她那里得到赞扬。不巧的是现在正处隆冬时节，刚一出门，你就发现自己的车上盖满了白雪，更糟糕的是你发现自己把车停错了地方，挡风玻璃上被贴了一张交通罚单。不仅如此，你还忘了戴手套。光着手刮掉挡风玻璃上的冰后，用冻僵的手指开车去开会，结果迟到了。当你提出最开始的那个想法后，桌子另一边的人却叹了口气，摇摇头说："说实话，这个想法听起来太奇怪了。"

试想一下，在这种情况下我们会有什么感受？我们会充满了负能量，感到特别沮丧或恼怒。这是额叶开始失控的一个迹象。从现在开始，你接到的信息不像往常一样由额叶发出——总经理罢工了。

额叶和脑部敏感组织失去连接不是一件坏事，这是我们现在还能活着在这里讨论这件事情的原因。

假如我们正在草原上走着，突然一头狮子从我们面前跳了出来，不需要思考，我们就会开始逃跑。额叶和大脑的敏感部分失去连接能够帮助我们在大草原上存活下来。

危急情况下我们依靠本能开始逃离。然而在现代生活中，触发我们的本能反应则会给我们带来问题。如果在谈话中，我们的本能反应被触发的话，信息会不经过额叶，直接进入一个叫作"爬虫脑"（reptile brain）的区域，而这会给我们带来大麻烦。

非理智"爬虫脑"：停止思考、失去理智

爬虫脑会让我们停止思考，让我们失去理智和逻辑思维的能力。事后当我们回忆发生过的事情的时候往往会感到后悔。

爬虫脑是经过数千年的进化，大脑中遗留的原始部分，它的功能就像上面的例子一样，当危险发生的时候，所有信号会直接传到爬虫脑，引发一系列战斗或者逃跑的身体反应。

其实不需要有一头狮子跳到我们面前，当我们听到一些不喜欢的言论的时候，或者当我们担心一些不愉快的事情会发生的时候，甚至有时只要有人挑战到我们的自我，就足以触发我们的爬虫脑。

然而这并不是说脑部敏感组织有个开关，只要按下这个开

关就可以切换到爬虫脑。随着威胁程度的加大，爬虫脑会逐渐被激活。

我们可以将爬虫脑比作一个装满水的锅。如果我们用小火加热锅里的水，可以持续加热很长时间而不会让锅里的水沸腾；但如果我们把火开到最大，水很快就会沸腾。爬虫脑的工作原理也是一样的。开小火的时候，我们就可以进行反思、判断并做出相对较好的决定；但是一旦爬虫脑"沸腾"起来，我们就会立刻丧失思考的能力，而且在数个小时之后才能恢复我们的思考。

提出"情商"这一概念的科学家丹尼尔·戈德曼（Daniel Goleman）将爬虫脑"沸腾"的过程称为"爬虫脑劫持"。我认为"劫持"一词用得非常恰当。爬虫脑的工作方式就像劫持一架飞机一样，额叶不再掌控飞机的时候，原始的爬虫脑就会取代它，霸占驾驶舱，劫持这架飞机。

被爬虫脑劫持的人和凶猛的爬行动物一样——完全不能进行正常的交流。但是如果能在爬虫脑达到沸点之前进行干预、施加影响，就能让谈话重新回到正轨。

在接下来的章节中，我将告诉你如何才能使对方的爬虫脑冷却下来。让对方的爬虫脑冷却下来，通常是我们需要做的第一步。

两起举世闻名的爬虫脑劫持事件

● 2006 年世锦赛决赛中，著名足球运动员齐内丁·齐达内 (Zinedine Zidane) 在 2880 万电视观众面前，用头撞了他的对手马尔科·马特拉齐 (Marco Materazzi)。齐达内被当场勒令离场。法国队因此输掉了比赛，错失冠军奖杯。

● 1997 年麦克·泰森 (Mike Tyson) 与伊万德·霍利菲尔德 (Evander Hollyfield) 进行了一场拳击比赛。比赛中，泰森因为无法控制自己的情绪，咬下了对手伊万德·霍利菲尔德耳朵上的一块肉。这一事件导致泰森公司被暂时吊销了比赛执照，并受到 300 万美元的罚款。

事后没有一个人能够为齐达内和泰森的行为提供合理的解释。每个看过视频的人都会问：他们当时在想什么？事实上在事情发生的时候，他们根本没有思考。

镜像神经元：换位思考和同理心的基础

在进行研究的时候，我采访过一位经验丰富的人质谈判代表。当我问到他是如何准备谈判的时候，他回答道：

"如果我要去和一个人谈判，这个人被他的妻子和孩子抛弃了，现在他劫持了一个人质。在我们开始谈话之前，我会先离开，独自待一会儿，想想我自己的家庭，想象自己回到家，在厨房的桌子上发现一张我的家人给我的告别信，想想那是一种什么样的感觉……"

接下来，他还对这个方法如何作用于他与劫匪之间的谈话进行了描述。在下一章，我将对其进行详细的解释，但在本章中，我想专注于解释这一方法的原理。

换位思考和同理心的基础

20 世纪 80 年代，来自意大利帕尔马大学（University of Parma）的研究员对猕猴脑部敏感组织中特定的神经细胞（神经元）展开了一项研究。他们观察到，猕猴吃香蕉的时候，这些细胞会发生移动；奇怪的是，当一只猕猴看到另一只猕猴吃香蕉时，这些细胞也会移动。也就是说，当一只猴子看到它的同伴吃香蕉时，大脑的反应和它自己吃香蕉的时候是一样的。[1]

因为这些细胞可以"镜像"另一只猴子的行为，所以研究人员称这些细胞为"镜像神经元"。与猕猴类似，镜像神经元也可

1　镜像神经元研究人员克里斯蒂安・凯瑟（Christian Keyser）经常在他的讲座上放一段詹姆斯・邦德（James Bond）在《诺博士》（*Dr. No*）中的电影剪辑，其中一个场景是一只大蜘蛛慢慢爬上躺在床上的肖恩・康纳利（Sean Connery）的手臂。大多数看到这场景的人，都会有明显的不适。

以让一个人理解另一个人的实际经历。

这位人质谈判代表对劫匪的描述激活了我们的镜像神经元，让我们能站在劫匪的角度思考，明白他的行为和意图。因此，镜像神经元也是换位思考和同理心的基础。

换位思考

一项研究中，研究者将实验参与者分成了两人一组，分别扮演加油站的买卖双方，他们面临着一个问题：买方预期的价格远远低于卖主可以接受的价格。乍一看，他们似乎陷入了一个僵局。同时在这个僵局之外还存有一个可以解决问题的情况：买方需要雇人来管理车站，卖方要买一艘游艇去远航，而远航回来之后需要再找一份工作。随后，每组实验参与者（学生）分别在各自的房间里开始讨论。

一些实验组能成功地将这两个愿望结合起来，即卖家降低加油站的售卖价格，同时买家在卖家旅行回来之后雇用卖家在加油站工作。与此同时，另一些实验组没能得出一个共赢的解决方案，在沟通过程中陷入了僵局。

实验结束后，研究者对实验参与者进行了访谈并对访谈内容进行了分析。研究者发现：双方沟通成功的关键在于换位思考。

换位思考促进谈判的成功。例如，1962 年的古巴导弹危机，美国和苏联两国之间的冲突不断升级，许多人担心这会再次引发世界大战。后来，时任美国总统的肯尼迪总统决定与苏联领导人赫鲁晓夫进行谈判，设法与赫鲁晓夫在古巴问题上达成一致。肯尼迪承诺今后绝不攻击古巴，同时要求苏联拆除其在古巴所拥有的核武器。

这个解决方案非常巧妙，既解除了苏联对古巴的威胁，又保住了苏联领导人的面子。肯尼迪本人在事后说，他之所以能提出这个解决方案，多亏了他的顾问汤米·汤普森（Tommy Thompson）。汤米·汤普森与苏联领导人相处了很长时间，因此很了解苏联领导人的需求是什么。

同理心

换位思考和同理心一样吗？也许你现在也在问自己这个问题。换位思考和同理心都是指一个人的理解能力。两者的区别在于，换位思考指的是对事实和环境的理解能力，而同理心则指的是对他人感受的理解能力。研究表明，涉及一些实物（比如资金、价格和水平）的讨论时，换位思考更重要；而涉及感情时，同理心则更重要。

那么，当我们想要与他人达成一致时，哪一种能力更重要呢？

以人质谈判为例，谈判专家依赖的是同理心而不是换位思考的能力。谈判专家清楚地知道自己不能答应劫匪的条件，同时要让对方冷静下来，接受合理的提案，以和平的方式解决问题。

对他人的感受表示同情和理解在谈判中起到了重要的作用，比如在下面这个例子中。

仲夏节——瑞典的一个重要节日，我们回到了父母家庆祝。傍晚时分，我们和一对夫妻一起开车回家。我坐在副驾驶座上看向窗外，欣赏着夏日傍晚的景色。我突然看见路边躺了一个人。

"刹车刹车！有个人在那儿！"我喊了出来。

我们急忙停下车，看到确实有一个女人躺在路边。我们小心地把车开到边上，停到她跟前。我们一开始以为她得了病，但我们很快意识到她只是不开心。

"别管我，"那女人一边说，一边将脸埋进了手心，"让我躺在这里。"

一开始，我们手足无措，但是很快我就想清楚了自己应该做什么、不该做什么。

我们把她扶了起来，给她披上了一条毯子。一开始她想把我们推开，但我们不理她之后，她又很难过。

"我不想活了。"她喃喃地说。

为了防止她跑到路中间，我们把她围在了中间。我想和她谈谈。

"你不知道我现在什么感受，我活着还有什么意义？别管我，"她沮丧地说，"你们不让我跑到路中间，我就跑到那边的铁路上，你就拦不住我了。"

　　混乱中，我意识到我应该试着换一种方式和她谈话，让她能够冷静下来，更容易把我的话听进去。听她说了一会儿，我发现她只想让我们走开。我振作了起来，决定尝试一下 FBI 在类似情境下采用的策略。

　　"我知道你现在很绝望。"我谨慎地说。

　　"是的。"这个女人毫不犹豫地回答道。

　　"我也知道你找不到任何解决方案。"我补充道。

　　她用疲惫的眼神看着我，"还是有人能够理解我。"她讽刺地回答道。

　　我接着说："你能想到唯一的解决办法就是跑到路中间，结束这一切。"

　　"是的。"她果断地回答。

　　"我知道对于这一切我们也无能为力，但你能告诉我究竟发生了什么事吗？"

　　那女人抽了抽鼻子，然后开始讲述她的故事。她告诉我们，她和女儿、孙子失去了联系，然而她丈夫病了，待在家里不能出去。她和丈夫大吵了一架，她受不了了，就在大晚上从家里跑了出来。

　　我很高兴能让她开口说话，问了几个问题后，我认为时机已成熟，可以按我的计划去做了。

我说："我知道你经历过一段艰难的时光。就算你觉得不可能解决问题，但希望总是存在的。我能说一下我的想法吗？"

她用套头衫的袖子擦了擦脸，点了点头。

"我应该给警察打电话，送你到医院，找可以帮助到你的人谈谈。我们会和你一起在这里等警察来。你觉得怎么样？"

那个平静下来的女人抬起头来，用几乎听不到的声音回答："好吧。"

就这样，我们和她一起等着警察来，带她到了最近的医院，交给了医生。我们知道，在那个仲夏之夜，这个女人的问题并没有得到根本性的解决，但是至少，随着治疗的开始，她开启了康复之旅。

对他人的情绪表示理解能够促进双方的谈话，而镜像神经元在其中则起到了决定性作用。

五个步骤与大脑的工作原理

本章认为，脑部敏感组织和非敏感组织——镜像神经元——是达成一致的生物物质基础，它们的活跃性影响着我们是否能与他人达成一致。

而沟通力法则的五个步骤是与大脑的工作原理相适应的。

第一步激活脑部敏感组织，冷却爬虫脑，让对方保持冷静。接着第二步，在第一步的基础上，开始思考，做好准备。第三步激活自己和他人的镜像神经元，展示我们换位思考的能力。第四步和第五步则着重解决前面步骤中遗留的问题。这些问题往往在一开始很难察觉，但随着谈话的进行才会逐渐浮现出来。

然而还有一些问题人格，他们完全被困在了自己的爬虫脑中，无论你如何努力，都无法与其进行建设性的对话，比如精神病患者或自恋者。他们关心的只有他们自己，对你在做什么毫不关心——不管你是在模仿他们还是试图理解他们。在最后一章，我将告诉你如何识别应对这些问题人格。

现在我们第一步需要做的是激活我们自己的大脑敏感组织。

请记住

- 脑部敏感组织、非敏感组织和镜像神经元是我们与他人达成一致、展开合作的生理基础。
- 换位思考的能力和同理心是获得成功的基础。

第三章

沟通力法则第一步：保持积极心态

即使身处无尽的黑暗中，只要点亮光明，就能找到幸福。

——邓布利多（Dumbledore）

手机不停地响，短信、电子邮件不停地弹出来，你的同事不停地进入你的办公室，找你问问题或是聊天。你正在做的事情一次又一次地被打断，你变得越来越恼火，注意力越来越不集中，事情也越做越糟糕。下午你必须发一封重要的邮件，但发邮件的时候网络又开始出问题，你打电话给网络维修人员，维修人员告诉你网络修复得等一个多小时。然后一个同事进来讨论一个重要的项目，但是你真的想不出什么有用的东西，好像你脑子已经不能运转了。

谢天谢地，终于迎来周末了。回到家的时候，你的伴侣和你说，邻居又把雪铲到自家边上了，让你去解决一下。你工作了一天，很累，很烦，不过还是到邻居家去了。邻居家正好有人。

你认为你和邻居的沟通结果会如何？你很可能会带着工作中的挫折感和邻居谈话，最终导致和邻居的谈话破裂，甚至可能会完全崩溃。

因此，要想获得共赢的沟通结果，我们需要做的第一步就是保持积极心态。积极的心态具体指的是幸福感和积极的体验。[1] 这是我们所有人都熟悉的一种感觉，但当我们想与他人达成一致时，为什么需要它呢？

本章需要强调很简单却很重要的一点是：**在我们心情好的时候，我们更容易和他人达成一致。**

通过整理相关的研究，结合我自己的研究成果，我发现与他人沟通时，拥有一个好心情可以创造一个愉快的氛围，让我们能以一种令所有人满意的方式行事。

下面我将介绍一个具体的实验，以便更好地阐明这一点。

一项实验将 80 名实验参与者随机分成了两人一组，分别扮演电视机、吸尘器和打字机的买卖双方。买方成交的条件是电视机的利润率最大，而打字机的利润率最小，而卖家成交的条件是打字机利润最大，电视利润最小。每一组需要就电视机、吸尘器和打字机的价格达成一致。

在谈判开始之前，研究人员随机选择了一半实验对象，告诉他们实验用的录音机坏了，要花 5 分钟才能修好。在他们等待的时候，研究人员给了他们很多卡通画片，要求他们把这些卡通画片分成两堆：一堆是他们觉得有趣的卡通画片，另一堆是他们觉得不那么有趣的卡通画片。每位研究对象都拿到一个笔记本，记录相关信息。

---

1 我们必须指出，虽然我们有了积极的心态作为基础，但我们仍然需要明确自己想要的是什么、需要解决的问题是什么。

谈判结束后，研究人员对实验结果和实验参与者（学生）进行了详细分析，实验发现：进行了额外任务的人，在与对方进行讨论的过程中，感到更快乐，心情也更好。该实验还有一个重大发现：心情好的人更容易与对方达成一致。感到快乐的学生不太容易陷入毫无意义的争论，更容易发现让双方都满意的解决方案。

这个结果看起来很不可靠，需要更详细的解释。为了做到这一点，我想先描述一下在相反的情况下，也就是我们心情不好的时候，会发生什么。

负面情绪的五大不良影响

由于我们大脑特有的工作方式，当我们心情不好或者有压力的时候，会给谈话带来不良的影响。爬虫脑对思维的控制可以有数种不同的表现形式，其对谈话造成的不良影响共有 5 个。当我们与其他人合作时，这些不良影响可能会造成可怕的后果。

不良影响 1：能想出的备选方案越来越少

美国北卡罗来纳大学（The University of North Carolina）的芭芭拉·弗雷德里克森（Barbara Fredrickson）教授进行了一项实验。这项实验将参与者分成了三组，让他们分别看了三种不同的电影片段。第一组看了一段会让观影者感到恐惧的片段，第二组看了一段能让观影者获得积极情绪体验的电影片段，第三组看了一段既不会引起消极情绪也不会引起积极情绪的电影片段。

然后，实验将实验参与者置于一个问题情境中，他们需要对这个问题提出一些建议。每位实验对象都收到了一张有 20 行横线的空白纸，上面写着："我会这样做……"

结果很明显：与其他组相比，看过会引起恐惧情绪片段的人，写的建议最少。

不良影响 2：做出错误的判断

在一项实验中，研究人员分别在雨天和晴天随机给人们打电话，调查他们对自己的生活的满意程度。实验发现，与晴天接受访问的实验参与者相比，下雨时接受访问的实验参与者对自己生活的满意度要低很多。这些参与者犯的错误是，他们无法将自己的情绪和事实进行分离。

另一项实验中，研究人员邀请了一组人，让他们站在山脚下推测眼前的这座山有多高。研究人员随后得到了同样的结果。听悲伤音乐的实验参与者和背着沉重包裹的实验参与者的估计结果，要比这座山的实际高度高很多。

不良影响 3：心胸狭窄

如果我们心情不好，我们可能会"捡了芝麻丢了西瓜"。换句话说，我们无法"抬起头"，无法在更广阔的背景下纵观全局。

一项实验中，研究人员要求实验参与者盯着一幅画（一个非洲面具），看上 15 秒，然后告诉研究人员这幅画实际上是什么。随后研究人员要求实验参与者通过回忆，重现这幅画。研究人员对实验参与者的画进行了分析，他们发现，心情好的人更容易发现这幅画实际上是一个非洲面具，心情不好的人过于关注细节，对整体形象的把握更差，其描述出来的画作与原作也相去甚远。

不良影响 4：好胜心

三名来自台湾地区的研究人员对 200 多名实验参与者进行了连续 12 天的观测。研究人员每天都会对实验参与者的情绪进行测试。研究发现，在不同的冲突中，实验参与者的心情越差越有可能将冲突双方分为"胜利者"或"失败者"，随着心情的变差，想要赢得胜利的本能也随之活跃起来。

不良影响 5：传染性

在加拿大进行的一个实验中，研究者会给实验参与者播放一段视频。视频中会出现不同的面部表情，包括高兴、生气、悲伤或是厌恶的表情。实验参与者需要盯着视频中出现的面部表情看上数秒，然后将自己的感受描述出来。同时，在实验参与者不知情的情况下，实验还用了摄影设备记录实验参与者的面部表情。研究人员通过录像发现，实验参与者会无意识地模仿他们所看到的面部表情。此外，他们对自己感受的描述也与影片中的人表达的情绪相同。

当我们心情不好的时候，会引发连锁反应。也就是说，当我们心情不好的时候，和我们面对面交流的人也会在几秒之内变得心情不好。

无法纵观全局、无法换位思考、错误的判断和获胜的欲望会让我们在沟通中采取消极的方式。这就是为什么在进行沟通之前，我们必须先调节好自己的情绪。

下面我会更详细地解释为什么好心情是一笔巨大的财富。

积极心态提高达成共识的机会

一个不能做出正确诊断的医生不是一名合格的医生。为了提高学生们进行正确诊断的能力，医学院的老师们经常会在训练中进行角色扮演训练。

训练中，老师有时会描述一个病人的病史，要求学生做出诊断。这需要一定的灵活性。学生很容易陷入自己对病人的第一印象，拒绝继续获取新信息，从而得出了错误的诊断。

一些心理学研究者在合格的执业医生身上进行了同样的实验。实验旨在观察情绪对执业医生做出正确诊断的能力的影响。

实验召集了一大批执业医生，将他们分成了三组：第一组在实验开始之前收到了一些糖果，获得了好心情；第二组在实验前阅读了一摞医学报告（看完心情肯定不会太好）；而第三组则完全没有经过任何特殊的处理。随后，三组医生进行了与医学生完全相同的任务：通过阅读病人的病历，给出诊断。

实验结果令人惊讶。实验发现第一组能够比其他两组更快、更准确地做出诊断，而他们的平均阅读量为20%，这个数据是其他两组的两倍。

我想起这个实验的不仅是因为它的实验结果，还有研究人员让医生们心情好起来的方法：给医生糖果。

因此，并不需给医生大幅加薪的承诺，也不需要给他们在全国最大的医院里安排一个理想的职位，只需要给他们一个惊喜，比如一袋糖果，就能让他们感到幸福。

这项实验的研究人员知道，这份意外礼物会让医生们沐浴在快乐当中。但让医生们快乐起来的并不一定是糖果本身，也有可能是摄入糖果后，大脑分泌的多巴胺。

多巴胺是一种神经递质，一种在大脑中负责传递信号的物质。许多不同的刺激都可以促进多巴胺的释放，例如表扬、按摩或其他形式的奖励，同时多种药物也可以促进它的释放。

甜食或碳水化合物可以促进多巴胺的分泌，因此，研究人员在实验中经常利用甜食或碳水化合物让实验对象开心起来，就像在上面这个实验中一样。

不可缺少的能力

多巴胺可以像润滑剂一样，帮助大脑更好地运转，让人立刻变得更加聪明。心理学称这种现象为积极情绪的"扩大建立"（broaden-and-build）。当人们心情好的时候，能突然获得"更广泛的意识"和"新的技能"，扩大建立理论为这种现象提供了解释。

更广泛的意识意味着我们可以不断获取新的信息，从而想出更多的解决方案，做出更好的决定；新的技能意味着我们可以以一种新的方式行事。

研究人员发现，心情好的人通常会变得更聪明，可以获取以下技能：

- 变得更愿意帮助他人。
- 变得更有创造力。
- 变得视野更开阔。

- 善于解决问题。

- 变得更灵活。

- 能做出更好的决定。

- 更好地处理压力。

- 理解他人。

- 能够处理社交冲突。

- 善于集思广益。

- 减轻压力和忧虑。

很明显，如果在我们与他人沟通的时候能获得上述所有的技能，我们将拥有巨大的优势。我们会变得更加聪明，社交能力也会随之提高。

因此，积极的心态可以让我们变得更聪明，从而帮助我们做出正确的决定。此外，随之而来的技能也帮助我们更好地回应他人，创造积极的体验，做出让每个人都满意的决定。

我们如何才能获得一个好心情呢？

直接获取正面情绪的三个技巧

多年来，研究人员一直在研究如何让人们变得更快乐。研究发现，保持充足的睡眠、体育锻炼、户外活动、冥想、愉快的人际关系和融入社交群体能够让人变得更快乐。

但是本书的目的并不是教你如何让自己变得更快乐，找到生活的意义，而是在如何更好地与他人达成一致，提高自己的生活质量方面，给你提供一些有用的方法和技巧。

举一个简单的例子：你可能会在下一分钟、下一小时或者明天遇到一个与你有着完全不同想法的人。你会认识到，和他人找到一条共同的前进道路将会是一个挑战。

面对这个挑战，可以用上的一个技巧是：随时进行能量补给。

技巧 1：适合的血糖水平

研究人员发现，葡萄糖可以提高大脑中的多巴胺水平。如果我们血液中的葡萄糖太少，我们将很容易产生"交易疲劳"，将更容易放弃与对方达成一致，或是做出错误决定。

此外，任何形式的自我控制都会消耗大量的葡萄糖。想想当你坚持不吃午饭或零食时，或当你听到一些自己不喜欢的言论时，你是什么感觉？如果要和其他人达成一致，我们就需要关注我们的血糖水平。

然而，糖果——让医生们很高兴——并不是一个调节血糖水平的好办法。长远来看，糖果只会让血糖水平处于波动状态。规律的饮食才是调节血糖水平，保持一个积极、稳定的情绪的最好办法[1]。

英国阿斯顿大学（Aston University）的研究人员迈克尔·格林（Michael Green）对食物如何影响行为进行了研究。迈克尔发现，当血液中的葡萄糖水平保持在 25 克上下，约一只香蕉的含糖量时，大脑的功能达到最佳。

当然，这一切也要取决于你所处的具体情况。如果你在 10 分钟后就要和领导见面，吃一根香蕉或三明治也许是你最好的选择。但如果你一早要和同事讨论一个问题，那么好好睡一觉比一顿丰盛的早餐更重要。

研究证明咖啡也能提高实验参与者的血糖水平。当你和孩子讨论给他/她多少零花钱时，给孩子喝杯咖啡或茶，也许可以帮到你。

技巧 2：创造一个能引起积极感觉的公式

如果我们把磁共振成像（MRI）（记录脑部神经系统活动）固定在我的头上，让我看一张上面写着"不"字的卡片，我们将能观察到脑部应激激素的分泌，以及我的爬虫脑是如何活动的。

1　健康营养研究表明肝脏可以利用摄入的食物产生葡萄糖，所谓的酮类物质具有与葡萄糖相同的功能。在这里不会深入这些细节。因为要做到这一点需要在饮食方面进行长期和全面的控制。

看到这张卡片的那一刻，我会立刻变得不那么聪明，眼界也变得更狭窄。如果继续向我增加压力，我将一个接一个地失去所有因好心情而获得的技能。

如果我大声地将"不"字说出来会怎么样呢？听到这话的人马上也会受到影响。语言的影响立竿见影。

因此，如果我们对某人说：

"我对你非常失望。"

"你的所作所为让人难以忍受。"

……

当我们说出这些话的同时，可以在听到这些话的人和我们自己的大脑中测量到压力脉冲。我们双方的神经结构都会受到影响。

芭芭拉·弗雷德里克森（提出积极情绪拓展建构理论的学者）探索了语言和思想对心理活动的影响。她发现文字信息可以对我们的大脑产生影响，同时我们对负面文字信息的反应会比对积极文字信息的反应更强烈。因此，她认为重复积极的话语和传递积极的信息对我们非常重要[1]。

1　在本章中，我们关注的是如何在短时间内改善情绪。如果你想对你的情绪有长期的改善，芭芭拉·弗雷德里克森研究表明，冥想可以长期改善我们的情绪状态，将因积极情绪而获得的短期技能变成我们的永久性技能。

研究人员安德鲁·纽伯格（Andrew Newberg）和马克·沃尔德曼（Mark Waldman）在他们的《语言改变大脑》（*Words can change your brain*）一书中也表示，能够引起积极感觉的词语可以激活大脑敏感部分，使我们变得更冷静、更聪明。

这对我们有什么启示呢？我们可以提前准备好一个公式话语，与他人沟通之前，用这个公式让自己拥有一个积极的心态。一个能引起积极感觉的公式应该至少包含 3 个积极的词语（我自己的公式里有 5 个词）。我的公式如下：

"是的，谢谢，真好，真棒，很不错！"

至少使用 3 个具有积极含义的词，例如："爱""快乐""美好""聚会""欢笑"或任何你认为合适的词。

然后你所要做的就是在脑子里将这个公式重复几遍。当你这样做的时候，你会发现自己马上就会被一种积极的感觉包围。这就是你想要的状态。

技巧 3：鱼尾纹微笑

在学院，我有一个叫马茨（Mats）的同事。在他成为教师之前，他曾经营过一家小的物业公司。他告诉我，有一名员工来到他的办公室，告诉他办公室里所有人都觉得这个公司有问题。马茨非常想知道为什么，不过这个员工的回答令他大跌眼镜："**最大**

的问题就是你。"

这并不是马茨想听到的。但马茨有实事求是的精神，于是他展开了追问。他的员工说，每天早上马茨到办公室时，他看起来都不太高兴，每个人都觉得办公室的氛围立刻变得更阴郁了。

从这个令人惊讶的消息中迅速恢复过来后，马茨决定设法解决这个问题。他做了一些相关的研究，找到了一个专门研究肢体语言的教练。教练告诉他，为了改善办公室的气氛，他最好在进入办公室前先微笑。光用嘴笑笑也不行，他得让自己的眼睛也带有笑意。[1]

当时，马茨觉得这个建议有点不可信。不过无论如何，他决定按照教练的指示试一下。

第二天早上，马茨在办公楼的入口处停了下来，做了教练让他做的事。当他跨过办公室门槛时，他有了一种完全不同的感觉：他觉得自己很快乐。他决定继续尝试几个星期，看看是否真的会有效果。

过了几天，这个员工又来告诉他，好几位工作人员觉得办公室的气氛好多了。他们受到了马茨的鼓舞。

1　心理学家称之为杜彻尼微笑（Duchenne smile），意义等同于"Genuine Smile"（真正的微笑）。

马茨告诉我，至此之后，直到今天，他也还在使用这个方法。

我听到马茨的这个故事的时候，我在想：这件事真的就这么简单吗？事实上的确如此。不过这个方法的重点是在微笑的时候调动眼睛周围的肌肉，这是让你的眼睛看起来快乐的原因。

请看下面的图片，这些图片之间有什么不同之处？

看看最右边图片里的女人的眼睛，她的眼神中带有笑意。再看看左边两张照片，这两张照片中的女人看起来则不太开心（即使中间照片中的女人在笑）。这就是鱼尾纹微笑的神奇之处。

鱼尾纹微笑的一大好处就是它可以完全独立于其他人为的外部因素。当我们使用鱼尾纹微笑的时候，只需要几秒钟就能促进多巴胺的分泌，让我们的心情变得更好，让我们变得更聪明。

如果我们不想笑的时候，应该怎么办呢？

坚持微笑

一个好消息是，发自内心的微笑和勉强为之的微笑之间并没有什么区别。研究表明，任何一种微笑的效果都是一样的。

有一项实验让实验参与者用牙咬住一支笔，通过外部的影响激活了实验参与者眼部周围的肌肉，从而产生了一个与鱼尾纹微笑类似的笑容，如下图所示。

研究人员随后要求实验参与者进行了两项任务。第一项任务中实验参与者需要看一个卡通画，然后对其进行评价；接着，他们需要进行第二项任务——将手放进冰水里一分钟。在这个过程中研究者会测量他们的压力水平和心率[1]。

嘴里叼着钢笔的人会比嘴里没有叼钢笔的人明显觉得卡通画更有趣，手浸入冷水后恢复得也更快。

1　韦恩州立大学（Wayne State University）有两位心理学家有不同的猜想：棒球运动员在他的收藏卡上的微笑能否预测这个人的寿命？在对1952年发行的230张棒球卡片进行了研究之后，研究人员发现那些在照片上微笑的球员比那些没有微笑的球员平均多活7年。

这给了我们一个重要的启示：依赖外在的帮助而获得的鱼尾纹微笑与发自内心的微笑同样能够提高我们的多巴胺水平，让我们变得更聪明，从而获得一系列额外的技能。当我们与他人交往时，成败很可能取决于这些技能。

如何随时获得鱼尾纹微笑

可是我们也不能总是找一个东西，一直叼在嘴里吧。下面我将介绍一个我自己也经常使用的获取鱼尾纹微笑的实用方法，这个方法不用把什么东西放进嘴里：

- 想想最近发生的让你开心的事情，或者想想你非常喜欢的人。

- 让温暖的回忆通过微笑表达出来（从眼睛开始，然后轻轻抬起嘴角）。

我敢肯定，当你微笑的时候，你的心里会产生一种温暖而积极的感觉。这是一个信号，表明你给自己带来了真正的幸福。

事实上，你以前肯定用过这个方法，不过通常是无意识的。现在只需要练习几次，你就可以自如地运用这个方法了。

查尔斯·达尔文（Charles Darwin）
和杜兴（Duchenne）

生物学家查尔斯·达尔文（Charles Darwin）是最早对面部表情展开研究的研究者之一。1872 年，他写了一本书，名为《人类和动物的表情》(*The Expression of the Emotions in Man and Animals*)，书中对不同类型的面部表情以及人们如何感知这些表情进行了描述。

达尔文与法国医生杜兴（Duchenne）合作对表情进行了研究。杜兴用电极使实验参与者的面部肌肉进行收缩，模仿微笑的表情。杜兴发现，真的微笑会激活两组面部肌肉：一组位于嘴边，控制嘴角的运动；另一组位于眼睛周围。仅激活在嘴边的肌肉只会让嘴角产生向上的移动，并不会产生真正的微笑。

杜兴注意到，真正的微笑和假的微笑之间的区别在于眼睛周围的肌肉。当我们微笑时，眼睛周围的肌肉会伸展开来，形成皱纹。杜兴将激活眼睛周围肌肉组织的微笑称为"真正的微笑"。

近年来，研究人员在达尔文与杜兴的研究的基础上提出了"面部表情反馈假说"。面部表情反馈假说认为，面部表情不仅是一种感觉结果，同时也可以用以创造感觉。

随时可掌控情绪的 S.T.O.P. 法

获得了好心情之后，剩下的问题就是如何保持它。研究表明，我们最大的威胁来自爬虫脑。爬虫脑一旦被激活，积极的感觉和相关技能就会立刻消失，我们就很可能对对方产生误解，因而错过有效达成一致性的良机。因此，我们需要随时保持警惕。下面两种冲动是我们尤其需要警惕的：

- **愤怒 / 不安的情绪。**
- **反应性贬值。**

愤怒是大多数人都熟悉的一种情绪。愤怒会阻碍我们保持理智及寻找解决方案。而大多数人可能对反应性贬值并不熟悉。反应性贬值是谈判研究中的一个概念，现在让我用一个简单的例子来解释一下什么叫反应性贬值。

假设有两个人正在讨论设计一个奖金制度。其中一个人说：

"我们可以建立一种有利于集体合作的制度。"

另一个人想都不用想，立即回复道：

"这可有些难办。我们怎么知道……你有没有想过如果人们在我们之前离开会怎么样？如果……，我们怎么能这么做……"

简单来讲，反应性贬值是当对方提出建议时，我们会本能地产生一种消极反应。研究表明，如果我们想找到能让双方都满意的解决方案时，反应性贬值会带来阻碍。

在本书中，我将进一步描述，如果反应性贬值来自其他人，我们该如何处理；如果反应性贬值来自我们自身，我们该如何摆脱它。

好消息是，愤怒和反应性贬值的解决方法是一样的。

S.T.O.P. 法

在写这篇文章的时候，我想起了自己之前的经历。有一天，因为曼彻斯特（Manchester）机场的冰没有及时清除，我午夜才到达斯德哥尔摩阿兰达（Stockholm Arlanda），没有赶上当天的火车。

这种事情已经发生过好几次了。现在唯一的解决办法是去机场酒店，和机场酒店商量一下，找一个便宜一点的房间过一晚。前一天晚上，我拖着疲惫的脚步走到了前台，在和前台交谈之前，我做出了一个鱼尾纹微笑：

"你好！我的航班延误了。我想问问今晚有没有便宜一点的房间？"

柜台后面的那位女士心烦意乱地抬起头回答："便宜的吗？我们没有便宜的房间。我们的房间最少也要 2000 克朗[1]一晚。"

1　瑞典货币，1 克朗约为 0.77 人民币。

我累极了，迷迷糊糊听到这些话时，我感到微笑从嘴角慢慢消失——连同积极的感觉也一并消失了。如果这个时候将我的大脑连接到实验室的电脑上，我们会看到我的爬虫脑已经开始活跃起来了。

我并没有立刻开始回击这位女士，表示这是我第一次在这家酒店被拒。如果我这样做的话，我们都能猜到这件事会怎么收尾。

相反，我使用了一种非常简单的方法，控制住了我的一时冲动。我称这个方法为"S.T.O.P.法"。

我在失去控制的前一刻停了下来，做了几次深呼吸，感受了一下我身体里的感觉，并且命名其为"愤怒"。效果立竿见影，短短几秒之内，我找回了些许平静和理智。我设法克制住了自己的冲动，迅速想出一个可行的方案。我们聊了一会儿飞机延误的事情，我俩都觉得飞机延误让人很恼火，然后我得到了折扣。如果下一次当你想要开始批判对方或者发火的时候，你可以试一试下面的方法：

- Stop：立刻停下来（当你感到自己变得冲动或情绪化时）。
- Take：做几次深呼吸。
- Observe：探索你身体的感觉变化，并用语言对其进行描述，比如"我很生气"（恼怒、不安或任何最适合你当下情绪的描述），或者"我要批评这个提议"。
- Plan：思考接下来应该做什么。

实际上，通过上面这几步，我们就可以让我们的爬虫脑放松下来，让冲动得到缓和。现实生活中，你需要做的仅仅是深呼吸，说出你的感受，给自己一个几秒钟的缓冲。

这并不是一个很难的事情，但这却可以使我们恢复理智，继续推进一个良性的对话，就像我在酒店接待处所做的那样。

为什么 S.T.O.P. 法能够奏效

是什么使这个简单的方法如此有效？S.T.O.P. 法看上去非常简单，但是当我们将深呼吸和描述感情变化结合起来时，就会特别有效。

现在让我解释一下原因。加州大学洛杉矶分校的心理学教授马修·利伯曼（Matthew Lieberman）发现，描述感情变化——利伯曼称之为"情绪标签化"——可以立刻让我们的爬虫脑冷却下来，恢复冷静。利伯曼和他的同事们用脑部扫描仪做了一个实验。实验中，实验参与者会看到许多照片，照片上呈现的是愤怒或恼怒的面部表情，这些面部表情可以触发实验参与者的爬虫脑。

随后，利伯曼和同事们要求实验参与者用语言描述他们看到的面部表情。突然间，实验参与者爬虫脑的活动减少了，同时大脑最重要的敏感部分的活动却增加了。

研究人员由此推测：**对冲动情绪进行描述，意味着将存在于脑海中无形的抽象感觉变成有形的语言，减弱了情绪强度，使得我们有了更多的回旋余地。**

研究还表明，对冲动情绪进行描述加上深呼吸，效果会更好。

如果下次你的同事、领导或邻居再对你指手画脚，或是以其他方式挑战你，你可以试一下这个技巧。我相信，练习几次之后，你就可以熟练运用这个技巧。到此为止，我们已经为下一步做好了充分的准备。

现在，反思一分钟左右后，我们接着进行下一步。

请记住

● 与他人谈判时，积极的心态将起到重要的作用。原因很简单：当我们心情好的时候，我们会变得更聪明，更有创造力，也更善于解决问题，更擅长化解社交冲突。

● 大脑分泌的多巴胺可以激活大脑敏感组织，让大脑更高效地运转。

● 有很多种方法可以促进多巴胺的分泌，比如提高血糖水平、鼓励的话语、鱼尾纹微笑等。

需要做的事情

● 下次和某人沟通之前，做好充足的准备；在脑海里重复能让自己产生积极感觉的公式，或者使用鱼尾纹微笑。这一切都将对接下来的沟通产生积极的影响。

● 下一次当你想批评他人的提议时，或者开始感到恼怒或沮丧时，试一试 S.T.O.P. 法。

第四章

沟通力法则第二步：开始思考

行动前先思考，说话前再想想。

——托马斯·布朗（Thomas Browne）

请你试着回忆一次成功的谈话，你还记得自己在谈话开始前做了什么吗？你是独自坐了一分钟，想了想自己接下来要说的话，还是在敲门之前做了几次深呼吸？

经过调查之后，我发现，在谈话开始之前，一共有三种准备方法。

第一种方法是带着避免冲突的想法去谈话，即使你们在一些重要的事情上面有不同的看法。避免冲突的愿望也可能会带来一些风险，比如无法去做一些能让你自己满意的事情，或者无法表达对你真正重要的东西。

第二种方法则更强硬，那就是将谈话视作一个表明自己立场的好机会，让对方看看谁才是真正的老大。不过这个方法的使用情景很有限。当你得到了一些不太好的消息，或者是谈话前有一些沮丧或不耐烦的想法时，你可以试一下这个方法。

第三种方法是认为接下来的谈话会按自己的想法进行。不幸的是，这个策略往往会让你很容易受到他人的影响，被他人牵着鼻子走。这时你又会想：哎呀，怎么变成这样了？

我在数年前进行的一个研究项目中，对数千项谈判实验进行了总结，我发现准备工作是成功的一个重要因素。同时我还发现，以正确的方式做准备工作则会事半功倍。

下面是一个我经常在课堂上做的实验，也是我最喜欢的实验。

两名实验参与者在实验中扮演买卖双方，他们需要面对面坐着，就一项产品的交易达成一致。他们可以自行决定协议的内容。扮演卖家的人会得到一张卡片，上面写着他／她想得到的最低报酬，以及必须卖出的产品数量。而另一个人扮演买家，他／她会得到另一张卡片，上面写着最低报酬和必须买到的产品数量。

通常情况下，仅仅几分钟后，两人就会陷入争论，无法进一步沟通，我不得不中断实验，他们自己也会因为陷入僵局而放弃沟通。而这也是实验计划的一部分。

但是实验并没有就此结束，实验中断 10 分钟后，两名实验参与者会再次进行沟通。实验参与者随后会意识到：如果有更多的时间做准备，可以更容易找到使双方都满意的解决方案，让工作变得更高效。

那么我们应该如何做准备呢？

正确的思考方式：如何实现共赢

如果我们既想要和对方达成一致，又想要最大限度地让双方满意，那么在沟通开始之前，我们应该做好哪些准备呢？哈佛大学的研究人员对此进行了研究。我用两个简单的问句总结了他们的方法：

- **我们想要的是什么？**

- **我们有哪些备选方案？**

哈佛研究人员认为创造性地将两个人或多人的兴趣结合起来就可以找到每个人都满意的解决方案。许多人认为，由于人与人之间存在不同的兴趣，因此很难找到让每个人都满意的方案。而事实恰恰相反。尽管我们珍视的东西各有不同，但是我们却拥有一些共同的东西，这也是人与人之间能够达成一致的基础。比如电脑店的推销员和你都对电脑感兴趣，但是你们对电脑和钱有着不同的评价：推销员对 8000 克朗的兴趣大于对电脑的兴趣，而你对电脑的兴趣大于对 8000 克朗的兴趣。这才使得你们有生意可做。

研究者提出的这两个问题能够让我们透过现象看本质，将重点放在双方的需求和真正重要的东西上，从而找到令双方都满意的解决方案。

现在先让我们集中精力解答第一个问题——找出双方的需求。

戴维营（Camp David）谈判

1978 年，在签署《戴维营协议》的时候，埃及和以色列因西奈半岛的所属权问题发生了冲突。以色列声称自 1967 年"六日战争"爆发以来，西奈半岛就属于以色列。而埃及则称自法老时代起，西奈就是埃及的领土。两国曾多次试图重新绘制地图，划分西奈半岛。但是由于两国在各自的立场上毫不退让，双方就西奈半岛的所属权问题始终没有达成一致。

随着埃及和以色列关注点的转移，谈判出现了新的转折。以色列想要拥有西奈半岛主要是出于国家安全的考虑：以色列不希望埃及的军队出现在边境附近。同时，（由于西奈半岛在历史上曾被数个强国，包括希腊、土耳其、英国和法国等接连占领）埃及不希望看到西奈半岛再次被强国占领，因此希望拥有西奈半岛的所属权。

为此，双方在美国戴维营中进行了秘密谈判，该谈判由当时的美国总统吉米·卡特（Jimmy Carter）主持。谈判中，双方最终找到了解决办法：埃及拥有西奈半岛的所属权，同时将埃及军队撤出。埃及的国旗将在西奈半岛上方飘扬，但不会有埃及的军队靠近以色列。

这个历史事件告诉我们，如果我们能突破表面的冲突，看到各方的需要，就能看到解决问题的可能性。

找出双方需求：一句话法则和一分钟法则

不久前，我看了挪威亿万富翁、酒店国王彼得·斯托达伦（Petter Stordalen）的一个电视采访。采访中，记者问他在与人沟通合作中，与他人达成一致的诀窍是什么。彼得回答说：

"沟通中，我总是会尽力提出一个让双方满意的解决方案。如果只能满足一个人的要求的话，我也会尽力满足对方的要求。"

记者有些吃惊，问他这是为什么。彼得进一步解释说，让对方满意，可以拉拢对方，和对方建立良好的人际关系。这是他的一个经营理念，长远看来，良好的人际关系能够给他带来更多的好处。这个答案并不能完全使记者信服，于是彼得接着说：

"采访开始前一小时，我们见面时，你觉得我的行为有什么不寻常的地方吗？"

记者思考了几秒，回答说：

"嗯——采访开始之前，你问了一下我的基本信息，以前从来没有人这么做过。"

"对的，"彼得回答说，"通过询问你的基本信息，可以让我对你有一个基本的了解，知道你的需要是什么。因此，在后来的采访中，我们就可以合作，做好这次采访。如果我不知道你是谁，也不知道你想要的什么，我们就没办法合作。事情就是这么简单。"

采访中的这番话实际上也是彼得·斯托达伦的商业哲学。通过建立一个长期的良好的人际关系，他为自己的事业创造了一个螺旋式向上的阶梯，一次又一次刷新了自己的成就。

当我看到这次采访时，露出了大大的笑容。彼得·斯托达伦的谈话实际上也是本章内容的一个总结：

我们必须找出谈判双方真正想要的东西，找到让双方都满意的解决方案。

研究人员将成功的谈判专家与平庸的谈判专家进行了对比，结果发现成功的谈判专家花在思考双方需求上面的时间是平庸的谈判专家的三倍。

一句话法则

芝加哥德保罗大学（DePaul University）的两位研究人员提出了一个问题：当我们想要与他人达成一致时，"知道自己想要的是什么"有什么作用。为了弄清楚上面这个问题，他们分析了许多在不同学科领域展开的实验研究，他们发现：如果我们不能明确地知道自己想要的是什么，那么我们可能就无法实现自己的想法。

用一句话总结自己的需求并且写在一张纸上是一个非常有效的办法。我称之为"一句话法则"。当我们用一句话写下我们想要的东西时，我们会有以下改变：

- 能够更容易把握谈话的方向。

- 抗压能力更强。

- 更容易得到我们想要的东西。

一些生活中的例子

有一个生活中的例子：假如你现在准备在易贝（eBay，一个二手商品网站）买一辆合适的车。如果用一个句子来概括你的想法，可以是下面这一句：

我想要一辆便宜、可靠性高的车。

带着写有这句话的纸和带着"我想要一辆好车"或者"只要这辆车不太贵就行"的想法去看二手车，会带给你完全不同的体验。

为什么？首先，如果你能提出准确的条件，比如可靠性，你就可以更准确地把握谈话的方向。你也许会更仔细地阅读车辆年检报告，询问车主车辆存在的缺陷，查阅车辆全部的维修记录。然后，当车主打开汽车音响，向你展示它的音响系统时，这张纸会让你将谈话再次拉回到可靠性和价格上面。

生活中充满了各种各样的突发情况，发生的每一件事情、听到的每一句话都有可能使我们的谈话误入歧途。比如，在你毫无准备的情况下，你的领导和你开始讨论你接下来的职业规划，或者你的伴侣突然开始讨论你们的旅行计划。在不断变化的情况中，一句话法则能帮助你牢牢把握谈话的走向。

再举一个例子，假如你打算尽快卖掉自己的公寓，但是并不想卖得太便宜，那么你写的句子可能是这样的：

我想尽快把我的公寓卖个好价钱。

然后，你遇到了一个对你的公寓很感兴趣的买家，但是他在3个月后才会卖掉他现在所住的公寓，买新的公寓。现在你知道你该怎么办了。你不太可能晚上回到家，懊悔地想：我到底怎么回事？还要等3个月我才能拿到钱，我应该向房地产经纪人解释的，今天不应该签这个合同。

再假如你今天要去面试工作，为了提醒自己，你写下了这样一句话：

我想要一份工资还不错又有良好发展潜力的工作。

如果一开始你们就在讨论公司会给你配什么样的汽车、什么样的电脑之类的，你就应该尽快结束这些话题，将谈话引向内部培训、经理的晋升条件、高级管理层对聘用你有什么看法、这是一份长期的工作还是一份临时的工作、以后会不会调到其他岗位上去……

还有一个日常生活中经常发生的例子——假期计划讨论。假如你正在和身边的人讨论圣诞节的假期计划，在讨论这件事的时候，你们之间的气氛往往会变得有点紧张。有时你们会纠结于一些细枝末节的东西，比如圣诞食品、圣诞树、礼物以及行程计划，从而破坏了愉快的氛围。事后你又会因为这些细枝末节的问题而后悔：苍天啊，我怎么又这样了？！

这个时候，一个句子就能够帮到你。你可以这样写：

圣诞节放假期间，我想尽可能花时间和我的伴侣在一起。

如此一来，在进行圣诞夜大餐分工时，谁来做什么，你会有一个完全不同的视角。这个句子既是你的舵，又是你的锚。你可以将谈话围绕你的目的——和伴侣度过一个快乐的时光——展开。

这是一个既简单又有效的方法，它可以帮助你发现自己想要的是什么，从而让你掌控对话。接下来，使用一分钟法则可以同时处理两个层面的东西：一个是语言层面上的细节，圣诞树、价格，以及一些相关的细节；另一个层面的东西是"你看中的东西"。

既然我们已经想好了我们真正想要的是什么，现在是时候把注意力转移到另一个问题上。

一分钟法则

现在让我们再次回到彼得·斯托达伦的采访。为什么他会在采访前与记者进行接触？他这么做的原因很简单，正如他自己所描述的那样，能显示出对记者的兴趣。我们看待他人的方式会影响我们与对方相遇时的行为。

前面提过，有经验的人质谈判代表往往会在谈判之前独自待一会儿，设想自己处于劫匪的处境中会是什么样的感觉，以此来增强自己的同理心。

为了增强自己的同理心，你也可以试着问问自己：对他/她来说什么是最重要的？当你问这个问题的时候，你自然会对对方产生好奇心，想要知道他人眼中的世界是什么样子。当你有了这样的想法的时候，这个方法的目的就达成了。

你将通过眼神和肢体语言向对方展现你的好奇心，开始挖掘并倾听他/她的故事，而不是对其置之不理。

兼顾多人需求：列出重要事项清单

"我的展示可能和之前的展示都不太一样。"有一次在我的课程培训上，刚刚开始上课，一个男士站在全班面前将这句话作为自己演讲的开头。几年前，他创办了一家应用程序开发公司。公司现在拥有 5 名员工，作为营销经理，他经常负责组织一年一度的开年之旅，而每年的企划对他来说都是一个挑战。

他接着说："每年我们都会一起去旅行，休息一段时间，尽情享受生活，恢复我们的创造力，讨论新的想法。这本是一件好事，可是旅行之前总会有麻烦，"他叹了口气说，"几乎每一次都要闹翻。"一个人想去大城市旅游，另一个人想去滑雪，还有一个人只想躺在沙滩上来一杯玛格丽特酒（Margarita）。

可以想象，在这个会议上，一群富有创造力的年轻人会如何争执不休。突然，他苦笑了一下，接着说：

"这个时候，我决定试一下重要事项清单。"

这堂课的一项课堂作业就是在实践中应用重要事项清单法。因此，他决定在他的同事身上试一试所谓的"重要事项清单"（the list of important things）。上过这节课的人都知道，我们需要在重要事项清单中列出对我们自己和其他人都很重要的事项。制作清单的过程很简单。营销经理向我们展示了一张图片，图片上是一个简单的清单，包含了团队中所有人的需求。

"晚上下班后，我来到了酒吧，和平时一样，我们互相打趣，点了啤酒……"

这时，我打断了他的演讲，问了他一个问题："你进去的时候，感觉怎么样？"

"感觉还不错，"他回答道，"我觉得自己做好了准备。"

我们很想知道结果怎样。他接着说："整个谈话和以前大不相同。大家还以为我们会像以往一样争论不休，但是实际上事情进展得很顺利。我们讨论了各种各样的选择，最后决定去伦敦。"

"你认为和同事开会时，重要事项清单对你的行为方式有影响吗？"我问道。我想向小组其他成员展示事件的本质。

"重要事项清单的确对我的行为产生了影响。讨论开始的时候，我的发言方式有了很大的不同。我问了一些问题，而不是自顾自地说话……我也变得更愿意去倾听。"营销经理停顿了一会儿，微笑着看向整个小组，接着说："就好像有人用一条神奇的毯子将大家包裹了起来，整个团队沐浴在前所未有的和平友好的氛围中。一切都变得大不一样！"

他的故事完全在我的意料之中，类似的故事我已经听了好几年。多年以来，研究人员，如哈佛谈判研究中心的研究人员一直强调的那样，在进行讨论之前，我们需要对相关情况进行类似梳理。我对这个方法进行了简化，方便我们随时使用。

如何制作一个重要事项清单

对于工作和生活中的大小事务来说，制作一个重要事项清单显得格外有必要，它为解答第一个问题——我们想要的是什么？——提供了一个独特的视角。

制作一张重要事项清单，与一句话法则或一分钟法则一样简单，无非就是在纸上写几个句子罢了。你还可以和他人一起在一个活动板上，或者在一张小一点的纸上一起制作。如果你身边没有合适的纸和道具，你甚至可以用一张餐巾纸来代替。

我们所要做的就是在纸中间画一条直线：

画完直线，先在线的左边写下对我们重要的东西，然后在右边写下对对方重要的东西。就这么简单。

使用这个清单可以改变我们的思维方式、态度以及行为方式。为了展示简易制作清单的优点，下面让我讲述一个真实的例子。

一个教科书式的案例

假如你是一名中学教师，国家教育局在今年最新出台的课标中提出了新的要求：21 世纪创业精神。在最近一次学校会议上，校长也明确指出，所有教师都要着重将创业精神融入课程，激发学生的创造力、主动性和创新性思维。

你对此类教学并不陌生。在过去 20 年的教师生涯中，你一直试图激发学生身上的这些品质。你也知道，如果你把这件事全权交给学生，不给予他们任何指导，让他们自己学习、自己做研究，他们只会无心学习或者逃学玩电脑游戏。

随着新学期的开始，学校雇用了两位新老师，其中有一位叫伊娃（Eva）。几天前，在会议上，伊娃称自己为"21 世纪创新型教师"，并坚决反对"以教师为中心的老式教学法"。校长要求你和伊娃一起在即将到来的春季学期，开设一门创新型英语课程。但是你其实不是很想和伊娃一起共事。刚走出师范学院的新教师总是自以为什么都知道，但是事实上，她并不了解学校的实际情况。例如，很多孩子并没有相关的知识储备，有的学生甚至无法使用英语对话。

与伊娃的第一次会面不断临近，你的挫败感也在不断累积，于是你决定试着制作一个重要事项清单。你拿出一张纸，在中间画一条线，然后开始思考你看重的是什么。你得出的结论是学生的知识、创造力和课堂管理结构。所以你在左边写下：

你	伊娃
知识	
创新	
结构	

接下来，你就需要花上几分钟来思考伊娃看重的是什么。你认为伊娃看重的是学生们的创造力、知识以及独立能力（因为通

常"以教师为中心的教学"的对立面是独立)。接着，你把这些词写在了横线的右边：

你	伊娃
知识	知识
创新	创新
结构	独立

现在让我们来看看，目前我们完成了些什么。我们刚刚制作了一个重要事项清单，绘制了在学校中会遇到的问题蓝图，而这张蓝图则会影响你接下来与对方的谈话以及谈话的结果。重要事项清单给你带来的具体好处如下。

重要事项清单的优点

首先，你必须亲自制订自己的重要事项清单。这份重要事项清单将会给你的谈话带来巨大的优势，你可能会数次修改清单（这是一个好兆头），才能决定最终的清单。

优点 1：重要事项清单能让你找到对你最重要的事情

对比一下上面这份清单的左右两栏，你可以获得一个重要发现：清单两侧的相同之处比不同之处要多。这也是一个常见的发现，这个发现足以让你们的谈话变得更顺利。

优点 2：重要事项清单是对问题的整体描绘，展现了谈话双方的共同点

上面的优势也顺势带来了下一个优势。当你看到双方的共同点时，你会变得更加积极乐观。积极乐观是成功的一个重要因素。

优点 3：重要事项清单让你更容易获得积极的心态

你会立刻变得更有创造力，更善于解决问题，促使自己设计出一套让双方都满意的课程安排和教学方案。你可能会在教学材料中融入一定的独立性练习，帮助学生变得更加独立。

优点 4：重要事项清单让你更容易找到创造性的解决方案

这份清单还可以激活我们的镜像神经元，让我们换位思考，理解对方的看法。

优点 5：重要事项清单可以让你能够从对方的角度看问题

能够从对方的角度看问题的时候，我们也更容易表现出同理心。涉及情绪表达时，同理心会成为你的一个很大的优势。

优点 6：重要事项清单会让你更具同理心

清单右边的要点会比左边的更难写，因为在书写右边的要点的时候，我们通常需要对对方的想法进行推测或猜测。这是一个会给我们带来好处的常见现象，因为它会让我们对他人的想法更好奇（与一分钟法则的原理相同）。

优点 7：重要事项清单会自然而然地加重你的好奇心

重要事项清单一共可以带给我们 7 种好处，会对我们的态度、思维方式以及实际行动产生重大影响。它之所以能产生如此重大的影响，是因为它能够强化到目前为止提到过的所有成功因素——换位思考、同理心、积极的心态、好奇心。我将在下一章更全面地介绍好奇心的重要性。

下一次面对一些重要的场合的时候，试一下重要事项清单，你会发现事情将变得大不相同。

准备解决方案：方案越多，沟通越轻松

如果我现在突然问你，谁是我们国家穿得最好的人？而你只有 10 秒的时间来回答这个问题，你肯定会感到压力倍增。

相反，面对同样的问题，但是如果你可以上网搜索，并且有一个小时来回答这个问题，你就不会有这么大的压力了。你可以上网搜索相关的信息，看一下他人的想法，在此基础上，你提出几个候选人。

当你与他人沟通时，你会发现，你能想到的备选方案越多，就越有可能找到令双方都满意的解决方案。

怎样才能想出更多的解决方案呢？一种方法是尽量收集能为

我们提供灵感的信息，就像在回答上面的问题时那样。为了想出更多备选方案，我的建议是：

- 熟读题目。

- 上网搜索。

- 与其他人交流（如果你有机会）。

这样做之后，你就会很容易想出多种解决方案。一旦拥有多种备选方案，一切都会变得容易得多。

让不服管教的青少年好好听话

我在演讲时经常会用"不服管教的青少年"作为例子，来向听众解释如何与不合作的人达成一致。[1]我很清楚并不是每个人家里都有青少年，但"不服管教的青少年"只是一个象征，象征着一个与你有着完全不同世界观，几乎不可能与你达成一致的人。我在本书中也想通过这个例子向你说明如何与不想合作的人达成一致。

假设我家里现在有一个叫查理（Charlie）的青少年，并且假设我们之间存在一个问题，那就是查理经常在晚上玩电子游戏玩

---

1 与青少年谈话和与人质谈话相差无几：成年人必须像警察一样保持理智，对参与谈话的双方负责。你可以在本书第八章中的"家庭篇"一章中读到更多相关内容。

到很晚。由于他过度沉迷游戏，这已经成了一个问题。所以我决定现在和他谈谈，让他减少玩电子游戏的时间。

当然，我可以冲进查理的房间大喊："查理！我和你说了，不可以玩游戏。你什么时候才会听话？"

然而，不幸的是，这种方法并不可取，这会立即激活查理的爬虫脑。

因此，我需要想出其他的解决方案。要想出更多的方案，我需要从外部寻求信息。我决定上谷歌搜索一下。

说干就干，我在谷歌上输入"青少年""视频游戏""游戏时间"等关键词，并进行了搜索，几分钟后就找到了相关处理意见。首先，我发现玩电子游戏带来的并不完全是消极的影响，也有一定的好处，比如，它可以提高英语和逻辑思维能力；其次，我也得到了一些解决方案。这些方案既可以让青少年玩电子游戏，又不会对他们的学习或健康造成负面影响。这些方法是：

● 把电脑放在一个显眼的位置，这样我就能看到他玩的是什么游戏。

● 规定游戏时间（例如做完家庭作业，我检查之后。这不仅让我能够管控查理的游戏时间，同时对查理的学业也有了更多的管控）。

● 与查理沟通每周面对屏幕的总时间（包括看电视）。

这样做之后，我自然比单纯地坐在那里，认为所有的电子游戏都是坏的有更大的机会与查理达成一致，并且越早和他摊牌越好。

为什么我们很难找到其他备选方案

备选方案的确能够帮助我们做出更好的决策，但在需要与他人达成一致的时候，我们往往很难想出备选方案。

第一个原因是我们常常过于以自我为中心，过于专注于自己的要求和自己想要的东西。此外，我们还会担心，如果我们从他人的角度看问题会让自己的利益受到损失，从而更加拒绝换位思考。

第二个原因是，我们认为自己提出的问题只有一个唯一的答案。这给获取备选方案的想法带来了压力。我们觉得能找到一个解决方案已经很难了，不能想太多了。

第三个原因是我们将其视为一场为了获胜的比赛。因此，为了获胜，我们往往就只有一个想法——赢得胜利，从而失去了创造的空间。

研究表明，上述三个想法都是错误的，它们只会妨碍我们找到让各方都满意的更好的解决办法。

请记住

● 在重要事项上，不同的人有不同的看法，与一个和我们有着不同看法的人交谈往往会给我们带来很大的压力。在这种情况下，我们需要做一些事情来最大化双方达成一致的可能——我们必须以正确的方式思考。

● 为了达成一致，我们需要记录、反思和反复修改我们的重要事项清单。

● 这样可以大大降低注意力被转移的风险，并且也可以帮助我们克服阻碍我们达成一致的最大困难——以自我为中心。

需要做的事情

● 下一次要和某人达成一致的时候，找出你和对方看重的事情。使用一句话法则、一分钟法则或重要事项清单可以增大双方达成一致的可能。

● 谈话开始之前，你可以先做一些思考或在网页上做一些搜索，想出尽可能多的解决方案。

第五章

沟通力法则第三步：建立良好的人际关系

FBI 的解决之道：打造良好的氛围

如何建立良好的人际关系：好奇心与同理心

防止陷入"本我"的误区：不要以自我为中心

说服他人最好的办法是用你的耳朵倾听对方。

——迪恩·鲁斯克（Dean Rusk）

1972 年 9 月 5 日，凌晨 4 点半，发生了一件让体育界永远难忘的事情。巴勒斯坦的恐怖组织"黑色九月"派出 8 人在毫无察觉的情况下潜入慕尼黑奥运村。村子里的安保人员早在美国运动员的帮助下翻过城墙，跑出了奥运村。随后，全副武装的恐怖分子径直前往以色列人的居住区域。

恐怖分子举起武器，跑进一间公寓，劫持了 6 名熟睡中的教练和工作人员。而在另一间公寓里，他们抓获了 5 名摔跤和举重运动员，其中一名摔跤运动员试图进行反抗，随后恐怖分子开枪射杀了两人，发生了骚乱。24 小时后骚乱平息时已有 15 人因此丧生。

德国警方因此受到了严厉的批评。许多人认为正是因为德国警方采用的行动策略有问题，才导致了悲剧进一步地扩大。有批评者甚至认为警方的行动毫无策略可言，认为正是因为警方和恐怖分子僵持不下，导致了惨剧的发生。

美国人目睹了这一切的发生，而美国将是 1984 年奥运会的东道主。为了防止慕尼黑事件再次在美国本土发生，尼克松总统立刻下令让警局马上采取措施。

美国 FBI 为此制订了一个全新人质事件策略。FBI 与英国苏格兰场[1]及一些研究人员合作，开发了一种方法，最大限度地保障以和平的方式解决冲突的可能。这个方法取得了巨大的成功，大幅度提高了案件圆满解决的比例。（劫匪往往会因为对谈判感到满意，最终放弃劫持人质。）

这种方法对与他人达成一致也有帮助。多年来，我对这一方法进行了细致的研究并对其进行了规范，使之易于掌握，以便在日常生活中使用。其基本原理与本章中提到的原理相同。

FBI 的解决之道：打造良好的氛围

几年前，在一个避暑别墅休息时，我意外地接到了一个电话。这个电话来自美国驻斯德哥尔摩大使馆的一个 FBI 探员。他告诉我，FBI 想邀请我去美国总部，介绍我的研究。几个月后，他们到我下榻的华盛顿的一家酒店，将我带到了 FBI 的总部。总部在一个叫匡提科（Quantico）的小社区，位于华盛顿郊区。

1　伦敦警察厅的代称。

与我想象中的大不一样，FBI 的人质谈判代表实际看上去都很和蔼。就像大多数人一样，我想象中的人质谈判代表应该和电影中布鲁斯·威利斯（Bruce Willis）的经典扮相一样，是一个硬汉的形象，他们经常通过电话向劫匪下达强硬的信息。但是现实生活中的谈判代表与想象中的相去甚远，他们并不会带给人一种坚毅粗犷的感觉，恰恰相反，他们显得很有同理心、十分谦卑，让人十分想要亲近。

我有这样的感受，是因为他们每周都会就如何与陌生人建立良好的人际关系进行训练。

人际关系在与他人达成一致中扮演着重要的角色，不仅对于FBI 的探员来说很重要，而且于你、于我皆如是。原因有三。

原因 1：我们必须创造融洽的氛围

第一个原因是我们必须创造合适的条件，让对方能够接受我们的建议和想法。我通常将此称为"创造融洽的氛围"，而良好的人际关系是创造一个融洽的氛围的前提。这也是为什么人质谈判人员首先要做的就是与劫匪建立一个良好的人际关系，创造一个融洽的氛围。

有时甚至可能发生这样的情况：如果你没有首先和劫匪建立一个良好的人际关系，即使你提出了一个对方很喜欢的解决方案，对方也不会答应释放人质。

当然，谈判中我们所使用的语言也非常重要，这是下一章将介绍的一个步骤，这个步骤与如何表达自我有关（选择合适的用语）。但是只有先建立了良好的人际关系，我们才能开始讨论我们想要什么。

原因2：达成一致与交换信息有关

如果我们和对方建立了良好的人际关系，或者给予了对方一定的信任，我们会更容易自我袒露，告诉对方我们想要的是什么。这条适用于 FBI 的规律，对我们所有人都有用。

那么，为什么自我袒露、彼此交换信息在达成一致中如此重要呢？我将通过一个实验来回答这个问题。这个实验中实验参与者将得到以下指导：

你们需要就新车购买达成一致。有四件事情很重要：购车保障、经济状况、交货日期和年税收。实验将根据实验结果对你进行评分。实验开始之前，你将得到一张表，表上列举出了所有的解决方案以及每种解决方案的得分。如 25 分钟之内未能达成一致，协议双方均得 0 分。整组得分最高者获得 1000 克朗奖励。

随后，这些小组就实验问题，在四件重要的事情中，选出他们认为最重要的，并展开了讨论——提出问题、倾听答案。一些小组中参与讨论的双方均可提问，另一些小组中仅有一个人可以提问，而剩余小组则不进行任何形式的信息交换。

实验结果显示，双方或仅有一个人提问的小组得到的分数更高，而没有进行信息交换的小组得分更低。值得注意的是：

只有一个人提问或两个人提问没有什么区别。

这两种情况都取得了较高的成绩，这体现了本章所讲的基本原则之一。

原因 3：达成一致与未来有关

通常，双方共同做出的决定对当下和今后的行动均有影响。

人质事件中，劫匪需要获取一定程度的安全感，即使无法获得书面合同，他们也想要从 FBI 那里获得某种承诺。对于向劫匪做出承诺，FBI 也十分谨慎，他们绝不能对劫匪撒谎。撒谎会破坏他们与其他劫持人质者长期人际关系的建立。

这一点也适用于日常生活。虽然我们不能保证或者检验一个人是否完全兑现了他的诺言，但是我们通常都会假设对方会做到言而有信。而一旦丧失了良好的人际关系，就不可能获得这种信任感。

舒适的人际关系

麻省理工学院斯隆管理学院进行的一个实验中,研究员约书·亚阿克曼(Joshua Ackerman)让一些实验参与者坐在坚硬的椅子上,让另一些实验参与者坐在柔软的椅子上,然后让他们对二手车的价格进行谈判。实验发现坐在柔软舒适的椅子上的人表现更为灵活,与坐在坚硬而不舒服的椅子上的人相比,他们更容易找到解决办法。

这个例子说明,安全舒适的环境对于与他人达成一致十分重要。一个互相信任的人际关系是获取安全感的有效途径。

如何建立良好的人际关系:好奇心与同理心

当然,建立良好的人际关系有许多不同的方式,这里我们讨论的是,与一个和我们有着不同观点和日程的人见面交谈时,如何建立一个稳固的人际关系。

建立一个互相信任的人际关系最简单的方法是提问和倾听。美国研究机构荷士卫(Huthwaite)研究发现,成功的谈判专家和不太成功的谈判专家之间最大的区别是:成功的谈判专家提出的问题数量是不太成功的谈判专家的两倍多，同时他们也更擅长倾听。

值得注意的是，这不是机械地提问和回答，同时也需要融入我们的真诚、同理心和兴趣。我在这里将其总结如下：

表现出好奇心和同理心是创造互相信任的人际关系的开始。

那么，是什么阻碍着我们表现出好奇心和同理心呢？答案是以自我为中心。在这一章的最后，我将更具体地解释，在谈话中我们为何会过于自我或以自我为中心，以及我们可以做些什么来避免上述情况的产生。不过首先我想解释一下，为什么好奇心会在与他人交往中占有重要的位置。

表现出好奇心

如果你的计算机发出"叮当"的声音提醒你收到下面这封电子邮件：

你好！

我和克里斯特（Christer）将前往巴黎度过周末。巴黎特别漂亮，有很多华丽的商店！你可以叫我们文学怪咖。我们找到了伏尔泰（Voltaire）生前最喜欢的咖啡馆，听说他每天要喝50杯咖啡。（我们每人点了一杯冷萃）。不管你信不信，我上星期将我的书稿寄了出去。晚上我们和马蒂尔达（Matilda）一起庆祝。马蒂尔达收到了大学的录取通知，他将在大学学习法律。布赖恩（Brian）在学校期末典礼上进行了钢琴演奏，当他演奏完，大家起立鼓掌时，我们都为他感到自豪。还有一件好事，波兰家教的私人课程非常有效！下次你进城的时候，我们见面吧！

过了一会儿，电脑又响了一声，你收到了另一个朋友的电子邮件，他写道：

最近过得怎么样？

前几天，我和托马斯（Thomas）看到一辆旧摩托车时，我们马上就想到了你，想起了你在学校最后一年用的那辆车。那个老古董发生了什么？（如果现在这个老古董还在，它一定能卖不少钱）希望你能尽快找到理由来城里一趟，我们可以一起吃个午饭。我们也很想见见孩子们。莉萨（Lisa）的交换生计划怎么样了？替我们向她问好。她的声音很好听，我们希望下次相见时，她能唱些今夏的热门歌曲！我们很努力地工作，可是得到的薪水依然很少。不过，不管怎么样，目前还不错。希望能早点见到你！

现在你想去拜访哪一对朋友呢？我猜，如果两对夫妇同时联系你，你对第二对夫妇肯定要比第一对热情得多。

让我来分析一下第二对夫妇的电子邮件以及他们说了什么。他们提了很多问题，虽然你并没有机会回答，但这并不重要。他们表现出了好奇心，引起了你的共鸣，你觉得你受到了关注。一封虚构的电子邮件都如此有效，那么这在现实生活中一定会产生更大的影响。

第二对夫妇成功的秘诀在于他们提出了一些关于过去的问题，同时通过提问邀请你加入谈话（尽管你不可能马上对此进行回答）。比如：

- 你的那辆旧摩托车现在怎么样了？
- 莉萨的交换生计划怎么样了？

提问技巧复杂多变，我们不可能完全按照攻略机械地去提问，不过真诚和自然是建立良好的人际关系的基础。基于上述理论，我将这个过程进行了简化，提出了一种行之有效的方法。

现在你只需要记住三个简单好记的问题，就能在实际应用中创造更好的人际关系。

两大发现者："什么"和"怎么"

第二对夫妇发来的电子邮件中的问题中都包含了"什么"和"怎么"两个词。抓住"什么"和"怎么"这两个字眼并不是小题大做。它们是两大发现者。它们可以帮助我们发现谈话中的重点，同时帮助我们拓展联系，建立良好的人际关系。在多种情况下你都可以使用它们，也不用花太多的心思。

让我们仔细研究一下这两个问题，以及如何在谈话中利用它们来建立良好的人际关系。

1号发现者："什么"

我们先讨论"什么"。"什么"的主要作用是向另一方发出我们感兴趣和好奇的信号。此外，它们还可以**查明事实**。

例如，上面的电子邮件中的问题：老古董发生了什么？这既可以表现写信者的好奇心，又可以查明旧摩托发生了什么。

当然，在谈话中的"什么"可以有很多不同的表达方式。当你在谈话中不太清楚要讨论什么的时候，你可以用下面这个方式使用1号发现者：

"你能花时间和我聊天，真是太感谢了。开始之前，我想知道现在你最想谈的是什么？"

或者你也可以说，你对某个东西很好奇，但是也想听听对方的意见（也许你根据自己的兴趣列了一个重要事项清单）。然后你可以选择使用"什么"这样问：

"很高兴你能和我进一步讨论这个问题。在我们开始讨论细节之前，我还有一个问题，你的目标是什么？"

如果在周一早晨，站在咖啡机旁，你想和站在身边的同事开始一段对话，你可以说："今天又是星期一。你周末做了什么？"

很简单，不是吗？你可能每天都会这样做，不过现在你知道了为什么这样做，以及为什么这样做效果会很好。

2 号发现者："怎么"

第二大发现者是"怎么"。"怎么"通常紧跟在"什么"之后，它可以**调查对方的想法**。

第二封邮件后面出现的一个问题是："莉萨的交换生计划怎么样了？"这类问题更私人化，可以作为"什么"的后续。

假设你正在进行某个谈话，你必须想出一个解决问题的方法，你可以问下面这个问题：

"你认为我们接下来应该怎么做呢？"

或者你可能正在和某人讨论某个想法，你想知道对对方来说最重要的是什么：

"这一点对你有多重要？"[1]

"什么"和"怎么"会给你带来很大的帮助，但有时我们需要更进一步，获得更多的事实和信息，这个时候我们就需要问第三种问题。

1　文中的"怎么"与英文中的 how 相对，how 可以用作询问程度的副词，但是"怎么"在中文里却不可以，因此，在这里译者舍弃了"怎么"一词，改为了更符合中文的表达方式。——译者注

第三种问题："为什么"

第三种问题"为什么"很难掌握，尤其是当我们带有情绪的时候。我们可以通过"什么"和"怎么"获取信息。但有时候我们还想进一步获取更多的信息，那么这个时候就需要另一种方法来挖掘对方的思想和动机。这个方法如下：你可以直接叫对方帮助你理解他/她是什么意思，或者是怎么想的。

如果你已经使用了"什么"和"怎么"，但是你对答案还不满意，你可以试一试以下表达方式：

"我开始理解你的意思了，但是你能不能再说一下这个问题从哪些方面对你造成了影响？"

将上面这个问题和"为什么这会成为一个问题？"比较一下，"为什么？"更具挑战性，最坏的情况下，你会想要从对方身边逃走，破坏刚刚通过两大发现者"什么"和"怎么"建立起来的人际关系。

如何表示理解

"在与其他人达成一致时，倾听和理解是我们需要做到的最重要的事情之一，"我向坐在观众席上的采购经理解释道，"你们有多少人同意我的看法？"我继续说。

没人举手。

面对这些观众有两点对我不利：首先，我不是采购经理；第二，我是一名研究员。固执的采购经理往往非常务实，他们关注的重点往往是商品的成本。换言之，他们对研究人员能给他们的工作带来帮助一直持怀疑态度，特别是当这个研究人员提出，合作往往比坚持自己的要求或者下达最后期限要好——这正是我刚刚告诉他们的，但这会让他们更加不信任眼前这个研究人员。

"谁在商务关系的处理上面存在一定问题？"我问。

我早已知晓了答案。我之前听过他们的小组讨论，似乎每个人与不同供应商和公司的关系都存在严重的问题。事实上，大多数人不仅是存在问题这么简单，完全是可以闹上法庭的冲突。对于这个问题，几乎每个人都举了手。我接着说：

"假如你的采购部门来了一个新人，结果你发现这个人做事不太行。当你提出这个问题时，事情就带上了私人情绪，气氛也变得不愉快。你能想象这种情况吗？"

整个房间里的人都点头表示同意。

"如果你不想表现得很圆滑，你会怎么形容这个人？"

观众们看起来十分犹豫，所以我接着说："我先来，'懒惰'这个词怎么样？"

我的建议使他们松了口气。

"缺乏积极性""松散""漠不关心""娇生惯养"，这些是我站在舞台上收到的一些反馈。

我接着说：

"现在让我们进一步假设，你即将完成一笔交易，需要在周一前拿到文件。周一早上到达办公室时，你问新来的实习生是否准备好材料了，他回答：'不，还没……'"这时，我停顿了一下，接着问，"你会怎么想，又会怎么做呢？"在场的观众都安静了下来。

"再找一个新的实习生，或者在午餐时和同事抱怨你现在很怀疑公司的能力？"从他们的表情可以看出，我的话引起了共鸣。我现在完全博得了他们的关注。

假设你现在坐下来，问这个新来的实习生："为什么你没有按照我们说好的去做？"雇员开始哭着说：

"这个周末我真的完成了很多工作，也确信会及时把一切都准备好。但是，后来得了老年痴呆的爷爷打电话给我说，奶奶突然中风，送到了医院。我父母都死了，我是唯一能照顾他们的人。所以我放下所有东西，去了医院，然后今早就直接来了，我昨晚都没睡觉。"

"你能改变对这个人的看法，做出不一样的反应吗？"

"当然！"有人喊道，同时还有几个人点头表示同意。

"好吧，我们现在知道了，"我回答说，"我们大多数人都是这样。我们对一个人有很多先入为主的观念，往往会很快得出结论。我相信你对那些在生意上和你有矛盾的人也会给他们打上类似的标签。"我向观众望去，发现大多数人都露出了茅塞顿开的表情。他们的表情说明了一切：法庭并不是解决问题的唯一途径。双方也许可以试着在矛盾爆发之前去更好地了解对方。

"我们该怎么做呢？"有人喊道。

这是我一直在等的一刻。我弯下腰，拿出了领奖台下面的一个包，里面有一只40厘米长的黑丝绒天鹅，我用右手把它举了起来，让台下的每个人都能看到它。没有人说话。

"想要在为时已晚之前找到黑天鹅，我们必须摆脱自带的滤镜，滤镜使得我们不能真正地理解他人。只有这样，才能找到真正有价值的东西，与他人达成一致。"

找出黑天鹅

黑天鹅象征的是错失的重要信息。黑天鹅曾经是不可能的事物的象征，但它在17世纪获得了新的意义。欧洲人在澳大利亚发现了黑天鹅，这一发现推翻了天鹅都是白色的假设，带给了欧洲人一个全新的观点。

虽然我已经向采购经理解释过了，不过我还想强调一下，所有需要达成一致的情况中几乎都有黑天鹅的存在——一些能让对方满意，但是我们不知道的事情。这就是为什么摆脱自己的滤镜、正视事实非常重要。[1]

我还讲述了一位退休的 FBI 探员的故事。这位前 FBI 探员在退休后创办了一家名为"黑天鹅"的公司（Black Swan Inc.），其业务主要是指导商务人士如何在谈判中找到"黑天鹅"。这则故事通常能够帮助听众记住这条信息。现在回到采购经理提的问题：我们应该怎么做？

找到黑天鹅的方法是学会倾听，并且找出他人话语中真正的含义。如果我们无法将自己从滤镜中解放出来，即使我们学会了倾听，也很难听出他人话语中真正的含义，仍然会保留自己的滤镜。

用 As-If 原则学会倾听

压力是正确倾听需要解决的首要问题。以采购经理为例，当我们听到一些我们不喜欢的事情，或者被周围人的要求和期望压在地上的时候，滤镜和先入为主的观念就会出现，阻止我们理解他人的话中真正的含义。因此，我们需要准备好倾听的方法或技巧，以便随时使用。[2]

1　黑天鹅并不是不可能找到的东西的象征，而是一些需要我们仔细研究才能找到的东西。就像欧洲探险家进行探险，我们遇到想要了解的人的时候也是如此。

2　尽量理解他人会给你带来长期的好处。哈佛大学研究表明，尽量理解他人可以加强人际关系。

基于一个有数百年历史的心理学原则——As-If（假装）原则，我开发了一种自然倾听的方法。As-If 原则由现代心理学的奠基人阿尔弗雷德·阿德勒（Alfred Adler）提出，使用 As-If 原则意味着我们需要将某些假设条件看作现实。

因此，我们可以先假装认真倾听，然而让自己真的开始认真倾听。

下面这个简单的信号能够反映出你是否真的在认真倾听：

开始认真倾听的时候，你就会开始点头。

开始点头之后，你的身体很快就会慢慢展现出其他认真倾听、对谈话感兴趣的信号：

- 你将自然而然地开始提问。

- 你会提出一些适宜的问题（"什么"和"怎么"的问题）。

- 你会在正确的时间发出确认的声音（比如"嗯""是的""好的"）。

- 你会进行适当的眼神交流（不要太多也不要太少）。

- 你会发现你会更容易用自己的话来进行总结，也能有更多发现。

数年来，我一直在我的讲座上教授这种方法。这种方法在帮助人们认真倾听方面十分有效。当你的身体表现得好像你真的对谈话内容感兴趣时，你就会开始认真倾听。

使用点头的方法比直接开始认真倾听有更多的优点。2017 年，在日本进行了一项有趣的研究，实验参与者需要观看一些视频片段，视频中的人要么点头，要么摇头。然后实验参与者需要对亲和力和易接近性进行评分，分值从 0 到 100 分。

结果表明，实验参与者中，观看点头视频的人评分要高得多。研究人员在总结实验结果时发现，当我们点头时，我们的亲和力能提高 30%，而我们的易接近性（即其他人对我们的亲和力）提高了 40%。摇头的视频则无明显变化。

所以，如果我们想在很短的时间内建立一个良好的关系，点头是一个简单且有效的辅助工具。

As-If 原则

现在让我们举一个例子来说明 As-If 原则。这个例子来自哥伦比亚商学院的研究员达娜·卡尼（Dana Carney）进行的一项实验。

实验中，一部分实验参与者会摆出"权威姿势"，即坐在桌子后面，脚放在桌子上，手放在脑后；而另一些实验参与者则会摆出较为谦卑的姿势，如双手放在膝盖上，脚平放在地上。研究人员发现，摆出权威姿势的人体内睾丸酮水平要比摆出较为谦卑姿势的人高很多。摆出权威姿势的人"假装"

自己很强大很有自信，这种表现使得他们身体内的化学物质发生了改变，使之配合他们的身体姿势。通过"假装"某件事是现实，将这种假设最终变成了现实。

前面描述的两个例子，"鱼尾纹微笑"、通过点头的动作让自己开始认真倾听，是As-If原则在与他人达成一致情况中的具体体现。

确认不等于同意

正如我刚才所描述的，随着点头行为的产生，你可能会表现出其他一些"倾听"行为。你会自然地开始总结和确认说过的话。这里需要指出的是，确认和同意是不一样的。即使我们确认了说过的话，我们后来仍然可以：

● 提出不同意。

● 对提议说"是"或"否"。

● 明确表示我们有不同的意见，比如像以下这些情况：

"如果这件事做成了，你一定会很高兴。"

"你好不容易开车去参加一场研讨会，结果发现主办方并没有安排停车位。这确实很让人生气。"

"你一定想做出一点改变。"

"去面试的路上突然泄气，这个面试太难了。"

用自己的话进行总结，效果往往更好。不过有一个例外，如果你面对的是一个非常沮丧并且说话声音很大的人，那么这个时候为了强化这个人话语间传达出的感觉，和他用同样的词比较合适。

防止陷入"本我"的误区：不要以自我为中心

物理学家将大部分的时间都花在了物理学的研究上。即使在聚会上有人想听，他或她也不太可能谈论物理。我们都是自己的专家，也喜欢讨论自己。这很自然，不需要刻意改变。然而，要建立良好的人际关系，我们需要确保自己不会表现得过于以自我为中心。我们必须选择合适的场合来展示自己的特长。

一项研究中，研究人员要求参加试验者自然地与彼此进行交谈。实验总共研究了 1500 个谈话。研究人员发现，实验参与者往往会过于以自我为中心，为了引起别人的关注，他们经常谈论自己，有时会尽一切努力将话题和注意力转移到自己身上。

研究还表明，这种行为发生在他人身上的时候更容易被我们察觉。以自我为中心并不是意味着我们的行为像傻瓜一样或者我们的教养很差。相反，研究人员发现，这种行为一直隐匿在规范的礼貌行为中，事实上我们每个人都会时不时地犯下这种错误。

过于以自我为中心的人有何种表现

过于以自我为中心会阻碍我们表现出好奇心和理解力，也会破坏我们努力建立的人际关系。现在我想给你们举一些具体的例子，说明这种情况是如何发生，又可以如何避免。

过于以自我为中心的人不会提出任何问题

拒绝提出问题，拒绝谈论自己是过于以自我为中心的表现。

过于以自我为中心的人会心不在焉地问问题

心不在焉地提出问题是另一个常见的错误。心不在焉地提出问题意味着心不在焉地表现好奇心，让以自我为中心的思想占据上风，将谈话引向自己。

过于以自我为中心的人会问不该问的问题

过于以自我为中心的人讨厌不安感，为了在谈话中减少不安感，他们会试图主导谈话的方向。引导性问题是控制谈话最常使用的问题。对于引导性问题，对方只能选择回答"是"或"否"。

过于以自我为中心的人只会听到想听的话

过于以自我为中心的人不擅长倾听。听他人说话的时候，过于以自我为中心的人难以把所有注意力都集中到对方身上，只能听到对方话语中的一些关键词。同时，他们会将一部分注意力转移到别的地方——比如他们自己身上。

过于以自我为中心的人容易过早地下结论

在应该倾听他人意见的时候，过于以自我为中心的人往往容易过早地下结论（就像我之前描述过的采购经理）。因此，我们往往急于加入对话，表达同意或者不同意。

所有这些都是过于以自我为中心的表现，这些表现会破坏我们建立良好人际关系的努力。对此一个简单的解决办法是：认真倾听。

请记住

● 如果我们想与他人保持良好的联系，建立良好的人际关系，我们就需要避免过于以自我为中心，要表现出好奇心和理解力。

● 这种方式能够都助我们以正确的方式行事，让他人更容易表达自己的观点。这是找到让每个人都满意的解决方案的必要条件。

需要做的事情

● 下次你想和某人达成一致的时候，可以试试利用"什么"和"怎么"两个大发现者，来表现自己的好奇心和理解力。当你需要更多信息的时候，你可以说："我不是很懂，你能再解释一下吗？"

● 对方一开口的时候，你就可以开始点头倾听。

第六章

沟通力法则第四步：选择合适的用语

立场之争：不要在各自的立场上讨价还价

如何与一台冰箱达成一致：摆脱不同立场的困扰

谨慎用语：满足需求而不是满足立场

解决"甜瓜困境"：关注需求，才能化解僵局

在辩论的时候一定要沉着冷静，暴怒只会让小小的过失变成大错误，让追求真理变成无礼。

——乔治·赫伯特（George Herbert）

"卡琳（Karin），如果我们现在要分一个甜瓜，你觉得这个甜瓜应该怎么分？"

这个问题是我专门向卡琳提出的。卡琳来自瑞士的一家大型公司，当天该公司所有经理都聚集在会议中心大厅，卡琳坐在了他们的前面。她是他们中最有经验的女商人之一，在休息间隙，我趁机看到了她的名字标签，这样我就可以叫出她的名字。

在等待卡琳回答的时候，大厅里充满了笑声，因为事情的走向似乎和他们期望中的不一样。他们邀请了一位研究人员（也就是我）来到这里，这个研究员没有谈论一些比较严肃的话题，比如应该如何与最大的客户达成一致，反而站在舞台上面，举着一个大号的绿油油的甜瓜，问他们的领导应该如何分甜瓜。

这个谈话练习的乐趣在于，大厅里没有一个人（包括我在内）确切地知道谈话的走向。每次我得到的答案都不尽相同，但无论如何，每一个听我讲话的人一定会把我看成一个固执的傻瓜，其实这才是谈话的重点。

笑声逐渐平息。卡琳笑了笑，她看着我的眼睛示意道："好的，我接受挑战！"

她说："我觉得应该从中间分开。"

"从哪？"我说着走向她。

她向前探身，用食指在甜瓜上画了一条线。

我往后退了一步，看着她，大声说："对不起，卡琳，我不能同意！"

卡琳并不是新手，她很快就振作起来，看着我，问我："那你有什么建议吗？"

我用手指在甜瓜上画了一下，但是这样的话她得到的甜瓜比我的小得多。

"这是我的建议。"我说，然后看着她。

现在轮到卡琳闷闷不乐了。她摇摇头，坚定地说："不，我不能接受。"现在轮到卡琳讨价还价了。我还发现她试图利用从她在商务活动中获取的经验击败我。

她突然眼光一闪，对我说："把它从中间竖着切下来怎么样？"

"怎么切？"我问道。然后向前迈了一步。

她在甜瓜上画出了一条线，我看着她，坚定地说：

"我不同意这样切，你还有其他的提议吗？"

我的对手笑着叹气。"我来切，切开之后你先选。"她仰着身子，满意地说，好像找到了解决办法。

"好吧，"我说，"那是我小时候和我弟弟分着喝一瓶汽水的时候干的事情。"我停顿了一下，接着说："我小时候就不喜欢这种分法，现在也不喜欢。"

这一刻，可以想象大部分坐在下面的人会想：这是个狠人！但我并没有因此而停下来，相反，我变得更加难对付，我接着说："卡琳，我的提议是我来分甜瓜，我先选。"

"不可能！"卡琳喊道，没了耐心，"你为什么又要分甜瓜又要先选？"

我们先到此为止，我很快就会说明这个谈话是如何结束的，但现在我想先总结一下目前的情况。

我和卡琳现在处于什么状态？虽然这只是一个游戏，但我和卡琳互不相让，我们的爬虫脑开始活跃了起来。由于我厚着脸皮提出这样不公平的建议，卡琳显然已经开始有点生气了。我也忍不住开始有了一种感觉：这是一场比赛，我想赢！

在谈判中，即使这不是真的谈判，也很容易产生这样的感觉。

立场之争：不要在各自的立场上讨价还价

在不同的立场上讨价还价会造成一定问题。在任何情境下，我们的立场或多或少都会影响我们的行为。打开电视，晚间新闻上多的是像我和卡琳一样需要就各种事情达成一致的人。与分一个甜瓜相比,人们往往需要在更重要的事情上达成一致。比如20世纪60年代,美国和苏联需要就每年到对方领土上巡视的次数达成一致就是一个典型的例子。但是两国仅对巡视的次数进行了讨价还价,然后就结束了商议,这一点非常令人费解。

这有什么问题呢?问题非常大。美国和苏联甚至都没有讨论过巡视的具体内容,是仅允许一个人巡视一到两天,还是允许100个人到处探听3个月?他们的讨论甚至都没有涉及上述内容。相反,他们一开始就对巡视的次数进行了争论,就像在拍卖会上买一件古董家具一样。

对此,我想强调的问题就是:不要站在各自的立场上讨价还价。我和卡琳都没有买卖东西的想法,但我们还是陷入了互相讨价还价的争论中。当我们陷入争论的时候,名望很容易就介入到争论当中,然后就没有人愿意让步了。

在我讲述不能在各自的立场上讨价还价的原因以及我们应该做什么之前,我想提一下我们为什么会讨价还价。其实理由很简单。

和一个与我们有不同想法的人讨论接下来应该做什么,本身就充满了不确定因素。我们通常讨论的都是一些对我们很重要的事情,我们也常常不知道对方会有什么反应。意料之外、悬而未决的冲突也很常见。

告诉一个人"这就是我想要的"的好处是我们可以有效地传达我们的想法，用这种方式表达自己可以减少误解，因为这提前表明了自己的底线。问题是，以这种方式创建的安全性和清晰性往往需要我们付出高昂的代价。

本书序章中出现过的哈佛大学研究人员，在 20 世纪 80 年代就发现谈判破裂会带来一系列问题，同时他们还提出固执己见是谈判破裂的原因。因此，我想进一步对这些问题进行描述。

问题 1：错误的决策

在各自的立场上讨价还价会让我们做出不明智的决定。为什么？因为这会让我们倾向将自己和对方绑在一起。我们越是想向对方表明自己的立场，为自己辩解，我们就越是与之紧密相连；我们越是试图说服对方不可能改变我们的想法，就越难做到这一点，即使我们非常坚持。我们希望被人看作有知识、有能力的人，所以不想前后变来变去。关键点如下：

我们越专注于自己的立场，就越不能关注到自己和他人的需要。

这也降低了做出令我们满意的决定的可能性。

但是以妥协来结束沟通一定是件好事吗？答案是否定的，因为妥协意味着双方为了达成一致而放弃一些重要的东西。妥协最终带来的问题往往是双方都感到非常不满而不是相当满意，因为追求妥协本身会让我们囿于各自立场的思维方式。

在质量、价格或份额大小，我能得多少甜瓜之类的事情上争辩，会让我们错过我们真正需要的东西。妥协的想法实际上是一种信号，表明我们不敢放弃牢牢掌握自己立场的安全感。

问题2：费时费力

卡琳和我反反复复地争论了好一阵子，还是没能找到解决的办法。这就是在各自立场上讨价还价的结果。我们经常认为在一开始开高价或者低价是比较妥当的，因为这样我们此后有讨价还价的余地。我们也经常把精力放在误导对方上，以免我们真实的意图被对方察觉。但这样做的风险在于，对方的想法也是一样的。这种情况下，双方谁也不说出自己真正想要的。相反，双方会一直要求他们实际上不会得到的，或者应该得到的东西。这不是一个好的谈判方式，既浪费时间又浪费精力，还不会有任何结果。

问题3：恶化人际关系

如果对卡琳的大脑使用核磁共振成像仪，我们肯定能够看到卡琳的爬虫脑已经开始活跃了。我们也可以观测到我的爬虫脑的活动量也增加了，虽然我只是在演戏。

爬虫脑可以很容易地接管我们的大脑，让合作、对话无法继续下去，同时，斗争、竞争和逐渐恶化的人际关系也随之而来。下面是一个生活中常见的例子。

假设周六你想和自己的伴侣度过一个愉快的夜晚，你提议去看电影，而你得到的回答是：

"如果要一起去看电影的话，那就看《星际迷航》(*Star Trek*)，没得商量。"

听到这番话后，随之而来的感觉往往是愤怒和痛苦，因为你们中的一方不得不无视自己的意愿，陪着另一方做他/她想做的事。即使这种感觉没有立即爆发，它也会不断积累，在未来的某个时刻爆发。

问题 4：善待他人并不能解决问题

在演讲中使用分甜瓜这个例子的时候，演讲大厅肯定有人在想：拉尔斯·约翰真是惹人烦。这一点我很同意。使用这个例子就是为了让在场的每个人都看清楚，固守自己的立场会变成什么样子，从而进一步提出所有与之相关的不利因素。

人们通常认为，通过采取与演示中相反的行为——善待他人——就可以避免所有不利因素。善待他人是我们拥有的最高尚品质之一，但不幸的是，在试图达成一致的情况下，单纯地善待他人并不能解决问题，尤其是遇到固守自己立场的人的时候。这一点适用于和他们进行关于分甜瓜、原子弹还是其他对他们重要的东西的讨论。

在最坏的情况下，它可能会像美国作家欧·亨利（O.Henry）的故事中所写的那样。故事中纽约的一对贫困夫妇，他们非常贫困，圣诞节来临时，女孩只好卖掉了自己美丽的长发，买了一条金链子配她丈夫最宝贵的物件——一只金表。她丈夫给她买了一套很好的梳子。当这个女孩把金链子当作圣诞礼物送给她丈夫时，她丈夫才说为了给她买梳子，他卖掉了手表。

他们两个都放弃了对他们来说最重要的东西，只是为了善待对方，向对方示爱。正如这对贫困夫妇一样，如果我们想与其他人达成一致，单纯的善意无疑也会造成问题。

所以，善待他人或者选择妥协并不值得推荐。这也许可以促使我们达成一致，但也可能导致我们做出极其不明智的决定。

如果我把整个甜瓜给了卡琳，会得到怎样的结果？假如在20世纪60年代肯尼迪对苏联说："你可以想有多少原子弹就有多少，但我们将取消我们的原子弹计划。"

长远来看，这会对世界造成什么影响？

我们应该抬起头，发现这些观点背后隐藏的东西。这比妥协和单纯的善意更为重要。

如何与一台冰箱达成一致：摆脱不同立场的困扰

为了解释如何摆脱在各自的立场上讨价还价以及提出相关的解决方案，在这里我想先讲一个故事。

几乎每个仲夏节，我都会在父母的避暑别墅里度过。仲夏节令人愉快的一点在于它其实是一个大型家庭聚会，这几天我们有机会轻松愉快地和亲戚朋友说说话。当然，安排餐食并不轻松。由于父母年事已高，我和我的兄弟们尽可能承担了所有的事务。我们希望餐饮安排得尽可能简单，但又能让每一个人吃饱。

几年前的某个晚餐，我们决定吃鸡腿。烤鸡腿加米饭很容易，晚餐很快就都准备好了。我买了很多鸡腿，每个人都吃好之后，还剩下了 3 个鸡腿。我把剩下的鸡腿用一个盘子装起来，用保鲜膜盖住，放进了冰箱里。

那是一个漫长的夜晚，看了电视、打完牌之后，终于可以睡觉了。我工作了一会儿后，决定再熬几个小时，继续工作下去。写了几页研究报告后，我突然觉得饿了，想起冰箱里还有 3 个鸡腿。我打开了冰箱门，并没有见到期望中的情景：盘子放在中间的架子上，但是保鲜膜被人撕破了，盘子里空空如也。

我第一个反应当然是：果然没了！然后我又有了第二个想法：肯定有人比我先来过了。一个为时已晚的猜测是，肯定是我那两个兄弟中的一个吃掉了鸡腿，因为在家里其他人睡觉的时候，只有他们俩在守着电脑熬夜。

从失望中回过神来之后，我回到了临时工作地点，又开始工作，但是很快我就没法继续工作了，因为太饿了。

饿着肚子睡觉从来不是我的风格，所以我又一次走进厨房——和我猜的一样，在冰箱的最里面有两个香蕉，还有一个某人私藏的马扎然蛋糕。拿着香蕉和蛋糕，坐在厨房的桌子旁，我的心情好极了。

你一定可以想象这种感觉。香蕉和马扎然蛋糕不会被写在任何菜单上，至少不会被搭配在一起，但它们好吃到简直可以让我"飞"起来！吃了这顿夜宵后，我心满意足地上床睡觉了。

这个看似平淡无奇的故事实际上告诉了我们，除了在自己的立场上讨价还价之外，我们应该做什么。

想一想，在这个仲夏之夜，在避暑山庄的厨房里试图和某人达成一致会是什么样子？需要和谁达成一致？厨房里除了我以外还有个冰箱，确切地说，冰箱并不能成为一个可以沟通的对象，但是让我们使用一下我们的想象力。

我的目的很明确：我想要鸡腿。我就像一枚精确锁定目标的导弹。

如果现在可以把冰箱看作一个沟通的对象，那么打开冰箱门，我得到的答案是：

"不好意思，我这里没有鸡腿给你了！"

我看起来像是陷入了一个困境，不是吗？我当然可以在那里数落冰箱一通。我知道肯定有人认为这是我兄弟的错而不是冰箱的错，因为是他拿走了鸡腿。但是无论如何，得不到我想要的东西我还是很失望，然后很可能我就会把责任推给他人。

如果冰箱能思考，假设它在想：这里有个人想要鸡腿，但是我没有多的鸡腿给他了。他为什么想要鸡腿呢？

答案显而易见：他饿了。

在我和冰箱之间的虚拟对话中，冰箱可能会接着问：没有鸡腿，现在我怎么才能喂饱他呢？

答案也很简单：两只香蕉和一个马扎然蛋糕。

解决方案：关注需求、寻找备选方案

在这里，冰箱做了一个很好的榜样，它使用的是哈佛大学的研究人员针对固守自己立场的问题提出的一个解决方法：

- 需求。

- 备选方案。

通过关注需求、寻找备选方案，冰箱将讨论的重点从观点立场上转移到沟通背后隐藏着的真正重要的东西——我们通常可以在这里找到解决方案。

为了得到我的同意，冰箱需要了解我真正想要的东西是什么以及为什么想要这个东西。当首选（鸡腿）无法得到满足时，我们需要转向其他的选择，与他人达成一致。

关注需求和备选方案可以让我们从意志的斗争中解脱出来，而意志的斗争往往意味着在自己的立场上讨价还价。研究人员还发现使用这种策略能让双方都取得更好的结果，尤其是在双方的人际关系很重要的情况下。

现在我们知道我们应该关注需求和备选方案，可是接下来的问题是：我们应该如何谈论需求和备选方案？这个问题其实很重要。当我们谈论需求和备选方案的时候，如何表达自己实际上会影响到最终的结果。如果我们选词得当，问题往往会得到解决，而如果我们选词不当，问题则通常不会得到解决。

谨慎用语：满足需求而不是满足立场

在谈论需求时，你可以用到下面的技巧：

- 表现出好奇心和理解力。

- 不要害怕提出自己的需求。

- 详细解释，不要直接提出决定性方案。

- 在必要的时候一定要坚定、果断、清晰。

- 具有创造性，寻求双方都满意的备选方案。

现在让我们仔细看看这些技巧。

技巧 1：表现出好奇心和理解力

表现出好奇心和理解力，是本章中描述的建立良好的人际关系的实际应用！实际应用中，我们通过提问和倾听来表现出好奇心和理解力。

你可以利用"什么"和"怎么"这两个大发现者，加上"你能再解释一下……"的句式来提问和倾听对方。例如下列问题：

"你看中的是什么？"

"你是怎么想的呢，一定要买吗？"

"你能再解释一下为什么这可以解决你的问题吗？"

然后，在应该表现出理解和倾听的时候，你需要通过认真倾听来做到这一点（在一开始使用点头的方法）。

技巧2：谈论你自己的需要

通常，询问和倾听可以找出对对方来说重要的东西，以及双方立场之间的隐藏空间。如果这还不足以让一切浮出水面，你可以多谈谈自己想要什么。

研究表明，如果你从揭示自己的需求开始谈话，可以增加50%对方谈论自己需求的可能性。

因此，在任何情况下，当你不知道对方的真实需求是什么的时候（即使你已经使用过询问和倾听的方法），你可以开始谈论自己的愿望以作为鼓舞，使自己变得更讨人喜欢，以提高确定对方真正需求的可能性。

不过使用这个方法的时候，一定要注重细节。

技巧3：先谈细节

细节描述能够帮助我们吸引对方的注意力。描述细节需要花费一段时间，而花费的时间也证明了这件事情在我们心目中的重要程度。因为，像是随口说说一样对重要事项一带而过会让对方产生误解，不是吗？

因此，在提出解决方案之前，重点是从需求或问题的细节入手。

有时会有人问我，为什么在讨论解决方案之前讨论细节很重要？因为这样能让对方有时间思考意义，让对方能够拥有和你一样的感受：

接下来会发生什么？这个人想从我这里得到什么？

最终提出解决方案的时候，你会产生一种解脱的感觉。当然，你必须根据给对方的暗示，调整描述的长度，以给人一种解脱的感觉。[1]

有时我们可能不会马上得到一个"是"的答案，但是对方往往会提出他们自己的看法，然后我们就发现自己陷入了一个更长的讨论。这没什么可怕。相反，这可能是我们一直在等待的一个机会，让我们能够描述某件事情对我们到底有多重要。有时我们则必须保持强硬的态度，对我们想要的东西下定决心。

技巧 4：不要含糊其词

技巧 4 的重点是我们要坚持我们想要的东西，但也要注意不要暴躁易怒。通常情况下，如果我们对自己认为重要的东西犹豫不决，我们就有可能会采取其他行动，反而破坏我们的好心情。

---

1 当你进行细节描述时，你可以慢慢说。研究表明，放慢说话的速度可以让我们得到更多的尊重，也更容易得到他人的理解。

我们可能会变得讽刺、固执或沉默，这非但不会解决问题，相反，它将使我们远离可能达成一致的局面。在最坏的情况下，这会让我们的行为非常不得当。

如果我们下定决心，我们实际上可以做到，既澄清我们想要的是什么，又不会触发我们自己或他人的爬虫脑。

当我们下定决心，有一件事情非常重要，那就是从一开始就保持积极的心态和良好的心情。事实上，如果从一开始我们就这样做，我们自然而然就会下决定，不会轻易动摇。你可以表现得像一个非常固执的人一样强硬，提高达成一致的机会。

因为当我们摆明自己的决心的时候，通常我们自己和他人都会尊重我们的决定。这可以增强我们的自信，而含糊其词只会让我们过多地受到他人的影响。

假设另一半问你："今天你能洗车吗？"

下面是一个模糊消极的回答：

"行，也行，但是我得先买东西、倒垃圾，在电脑上重新安装系统，给孩子们做晚饭……"

显然，你没有时间洗车，而你也没有明确地拒绝另一半的请求。这会导致挫败感、误解和长期冲突的产生。与之相比，这时候的回答应该更加强硬和坚定：

"不好意思，今天不行。"

这个回答很清楚明了，不是吗？这样的回答建立在自我尊重的基础上，可以增强对自己的信心，意味着自己不会退缩，会坚定自己的想法。这同样适用于生活中其他的情况。

技巧 5：提出备选方案

寻找备选方案往往意味着我们需要找到更多的解决方案。当目前的方案无法解决问题的时候，我们就需要寻找备选方案。就像上面举的冰箱的例子一样，我想要的鸡腿已经不在了。

在报酬或是下班时间的谈判中我们可以有多种解决方案，而不是一味地否定："不，不，不可能！"关注需求和备选方案是推动谈判的关键。

讲完关注需求，现在该讲讲备选方案了。如果我们一直在用正确的方式思考，那么现在我们已经为此做了大量的准备工作，比如我们可能已经上网进行了相关的搜索，提出了几个新颖的解决方案，草拟出了数个备选方案。

现在仍然假设你需要和某人达成一致，希望这次我们一起，试着变得更有创造力，想出更多的解决方案。更多的备选方案才是找到平衡需求的关键，站在各自的立场上讨价还价往往不可能解决问题。

美国哲学家玛丽·帕克·福莱特（Mary Parker Follett）的故

事是一个经典的例子:

两个人在公共图书馆的阅览室里,对于窗户该开还是该关吵了起来。他们对于窗户该开多大进行了反复讨论:开一点点,半开,开 3/4……但这些方案都不能让他们满意。然后图书管理员走进房间,她问其中一个男人为什么要把窗户打开。他回答:

"为了呼吸新鲜空气。"

她问另一个男人为什么要关窗户。得到的答案是:"风太大。"

图书管理员想了一会儿,然后打开隔壁房间的一扇窗户,这样既利于通风,又不会让风直接刮进来。

显然在这个故事中吵架的原因是这两个人只看到了自己的观点。这两个人在自己的立场上毫不退让,因而让自己陷入了一个无法解决的困境中。他们二人要么吵架,要么做出妥协,但这两种情况都会让他俩不满意。

相反,图书管理员将注意力放在了需求上面——透气不通风,从而找到了解决办法。如果我们要找到双方都能满意的备选方案,需求和立场之间的这种差异在沟通中往往起到了决定性的作用。

我们需要的是能满足需求的方案而不是满足立场的方案。

这一类的备选方案也帮我和卡琳从分甜瓜的僵局中解脱出来。现在我来告诉你我们接下来都发生了些什么。

解决"甜瓜困境"：关注需求，才能化解僵局

上文中讲到了我和卡琳陷入了僵局。站在讲台上，我想向观众展示如何在讨价还价中寻找备选方案，所以我再次转向卡琳，改变了策略：

"卡琳，你也看到了，现在我们在各自的立场上互不相让。"我这样对她说，努力使自己的话听起来更富同理心，暗示示威性的争吵现在已经结束，我也不再"胡搅蛮缠"。

"是的，我们的确陷入了一个僵局。"卡琳回答。她笑了笑，为争执已经结束而松了一口气。

我接着说：

"卡琳，我想先解释一下我要用这半个甜瓜干什么。"现在，我用建设性的语气继续说，"两小时前，我最好的朋友安德斯（Anders）给我打了电话。他是一个推销员，他每周都要外出旅行。他告诉我，他 5 岁的女儿丽娜（Lina）之前因为阑尾手术住进了医院，不过明天就要出院回家了，这段时间她很痛苦。"

"真的吗？"卡琳惊讶地说。

我进一步解释道："安德斯告诉我，去年秋天开始，丽娜就一直想要与怪物和万圣节有关的东西。他问我可不可以帮忙做一个万圣节灯笼，放在她的房间里。安德斯说昨天他和他妻子冒出了

这个想法，他们相信这一定会让女儿高兴起来。但他和他妻子都不在家，不能做一个灯笼。安德斯问我能否帮他们一个忙？我说只要能帮上他们，我当然很愿意。所以，我要用半个甜瓜做一个万圣节灯笼。"接着，我在屏幕上展示了一幅用挖空的甜瓜做的万圣节灯笼的大照片。"卡琳，"我接着说，"你要拿你那份甜瓜做什么？"

现在卡琳看起来比之前愉快多了。她微笑着回答：

"我要给我的家人做一杯水果冰沙。"

"那么我现在的建议是，我要整个瓜皮去做灯笼，你把所有果肉拿去做冰沙，你觉得怎么样？"我问。

"听起来不错，那就这样定了！"卡琳笑了。

它为什么有效

正如我们所看到的，关注并且满足我和卡琳各自的需求的备选方案是解决困境的唯一方法。

真正对我们重要的东西，往往藏在一堆有意或无意伪装的要求里：

"我想从这里分甜瓜。就这里！"

这一堆要求常常是问题所在，这让我们的讨论很容易走上错误的方向。

如果谈话双方都能放下自己的要求，只谈对他们重要的东西，一切都会容易得多，就像我和卡琳一样。我们可以找出真正重要的是什么，它们为什么重要，以及我们如何才能满足彼此的需要。这就是我所说的注意用词。

为什么在生活中不同的情景下，这种策略能很好地发挥作用？这主要得益于以下两个原因。

让一个人满足的方法比我们想的要多

冰箱和图书馆的故事就是很好的例子。在冰箱这个故事中，我们很容易就找到了备选方案——放在底层架子后面的香蕉和蛋糕。在图书馆的场景中，使用更多的创造力和更开放的心态，超越双方的立场，看到问题的症结所在就可以解决问题。这两个案例的共同点在于，它们都有超越立场的解决方案——那么现在的问题在于，如何找到这些方案。

那么，找到解决方案会面临什么样的困难呢？在我们试图达成一致时，大多数人并不会将找到备选方案看作是自己的任务之一。他们通常认为找到备选方案意味着将相反的立场观点结合在一起，而这往往非常困难。

我们经常欺骗自己，让自己相信最终做出的决定，通常就是解决方案——找到解决方案的路径就是这么简单。但是，通往最终决定的道路往往是一条曲折的道路，在这条道路上，我们会考虑很多建议，然后进行取舍。

我们有不同的想法是一个优势，而不是劣势

如果我们对每件事都有相同的想法——这听起来可能是个好主意，那么我们完全不可能达成一致。如果我们对每件事都有不同的想法，这实际上是不可能的，正是由于我们的想法既有相似之处，又有不同之处，才有可能达成一致。

我和卡琳的情况就是这样。我们都对甜瓜感兴趣，但原因各有不同。只要我们能超越自己的立场，找出分歧，就能找到让我们双方都满意的解决办法。如果我们的处境完全一样，卡琳也接到了一个想要万圣节灯笼的朋友的电话，那么我们达成一致的机会就会变得非常小。

最　后

我们已经完成了所有的步骤，做了所有我们应该做的事情。期间当然可能会发生一些意料之外的事情，一场意想不到的冲突突然爆发，或者有人说了一些意料之外的话，又或者你正在交谈的那个人根本不想合作，即使你付出了很大的努力。那么现在重要的是我们需要准备一个好的 B 计划，换句话说，就是一个应付意料之外的情况的计划。这就是下一章要讲的沟通力法则的第五步。

选择合适的用语之前

与其他步骤一样，合适的用语不可能凭空而来，需要我们做一些准备工作。如果我们已经完成了前面提到的这些步骤，那么接下来，我们需要做一些准备：

● 拥有一个积极的态度和良好的心情，让我们更具创造力，更专注于解决问题，专注于需求和备选方案。

● 专注在我们和其他人想要的是什么以及备选方案上。在谈话开始之前，我们可以列一个重要事项清单。谈话中，重要事项清单可以让我们更容易找到让谈话双方都满意的解决方案。

● 建立良好的人际关系，表现出的好奇心和理解力也很重要。

请记住

● 站在各自的立场上讨价还价会带来三大问题：浪费时间、做出不正确的决定和恶化我们的人际关系。因此，你应该设法把讨论变得更有建设性。

● 关注需求和备选方案，谈论双方都看重的事情，找到一个令双方都满意的解决方案可以促进双方达成一致。

● 请记住，人与人之间存在的差异可以引领你们找到一个双方都满意的解决方案。

需要做的事情

● 下次当你发现自己开始在立场上和对方讨价还价的时候，你可以试着将注意力转移到双方的需求和备选方案上，然后再进行提问和倾听。你可以问：

"你看重的是什么？"

"你说出这个观点的时候，是怎么考虑的？"

"你可以解释一下，怎么可以解决你的问题？"

第七章

沟通力法则第五步：准备一个 B 计划

事先拟定 B 计划，确保万无一失

提问并倾听，是 B 计划的基础

三种使用情况，灵活运用 B 计划

成功是给善于准备 B 计划的人。

——詹姆斯·A. 约克（James A. Yorke）

德国萨尔大学（Universität des Saarlandes）的研究小组在一项实验中，就强烈的情感对双方达成一致有何影响以及我们能为此做些什么进行了测试。实验邀请了 94 名实验参与者，将他们设置在一个问题情境中。假设他们现在要购买一部智能手机，他们需要就价格、保修和电池容量与卖家达成一致，每项最高可得 9 分，每分可换取价值 500 克朗的礼券。

当实验参与者说出自己的报价的时候，愤怒的卖家就对他们说："你的报价太扯了！"

或者参与者会说："要么给我一个合适的报价，要么这个生意不做了，你一分也别想得到。"

实验结果表明，如果一方受到这样的攻击和批评，双方会达成对双方都是致命的沟通结果：做出对买卖双方都不利的决定。

研究人员事先对实验参与者进行了不同的指导，以探究什么样的指导可以减轻负面影响。实验中唯一有效的指导是事先准备好的 B 计划。制订了 B 计划的人可以取得更大的成功，即使他们受到他人的攻击，也能做出使双方均能受益的沟通决定。

在更详细地分析备选方案和 B 计划的重要性之前，现在让我先对前四个步骤做一个简单的总结。

事先拟定 B 计划，确保万无一失

沟通开始之前，你已经获得了积极的心态，而且也花了一两分钟来反思了一下你真正看重的事情；在与对方的沟通中，你也知道了如何与其进行交流，让双方免于陷入无意义的争吵；你们建立了良好的人际关系——在信任的基础上，将提议被接受的可能性最大化；你也利用了你的创造力和解决问题的能力，找到了备选方案，考虑到了通常隐藏在表面之下的东西：双方的利益和需要。

通常，你完全可以通过前面四个步骤带着满意的解决方案离开，但有时你们的沟通也会破裂——即使你做的每件事都是正确的。

有时会出现这样的情况：对方和你有着完全不同的世界观，当你试图将谈话变得更有建设性的时候，对方会突然勃然大怒，或者变得更加固执。这时，你的身体会发生什么样的变化？你很可能会感到压力的产生：心跳会加快，呼吸会变浅，身体产生战斗或逃跑反应。随之而来的问题是：现在该怎么办呢？

答案很简单：你需要一个 B 计划。[1]

FBI 的人质谈判专家公认的一个事实，是你不可能为一个爬虫脑处于活跃状态的人找到合理的、合乎逻辑的方案。在这种情况下，我们首先要做的是让对方平静下来，控制对方。

正在和你交流的那个人突然变得固执己见，爬虫脑刚刚劫持了他／她的大脑，他／她对自己正在做些什么完全没有意识。

本章介绍的策略很清晰：我们要像一名 FBI 探员那样，用最简单的方法激活他／她的大脑，帮助对方恢复理智。

提问并倾听，是 B 计划的基础

为了建立良好的人际关系，前文中描述了表现出好奇心和同理心的重要性。同样，这也是我们能想到的最好的 B 计划。

这个策略具有普适性，也非常简单，在任何情况下都能奏效，它能够帮助你有效控制讨论。该策略分以下几个方面。

首先，你需要主动引导对方，使其大脑活动从战斗或逃跑反应中恢复理智，中断爬虫脑的活动。如果对方的爬虫脑就像一锅快要沸腾的热水，那么现在你需要用一两个问题让对方冷静下来，

---

1 当然，在这里，你也可以选择使用前面提到的 S.T.O.P 法。S.T.O.P 法可以降低压力水平，让你更容易执行 B 计划。

把谈话引向正确的方向。

其次，提出的问题会让对方意识到自己观点中可能存在的缺陷，理性地思考对事物的看法。

再次，倾听会激活我们的镜像神经元，让对方感到自己得到了理解——从而接受合乎逻辑的、理性的提案。

建立良好的人际关系可使用"什么"和"怎么"两个大发现者以及"你能解释一下……"的句式。这些也是 B 计划的基础，但它们在此处有了更具体的重点。

三种使用情况，灵活运用 B 计划

在描述如何做到这一点之前，我将首先举例说明在哪些情况下我们会需要 B 计划。最常见的三种情况是：

- 当对方拒绝放弃自己的立场时。

- 当对方用言语攻击你或者你的建议时。

- 当对方很生气时。

让我们仔细看看每一种情况。[1]

---

1 罗杰·费舍尔（Roger Fisher）是哈佛谈判项目组（PON）的创始人之一，在一本书中指出了四种会导致一个人变得拒绝合作的经历。它们是：不被理解；缺乏集体意识；不独立；自己的地位或角色受到质疑。

当对方拒绝放弃自己的立场时

两千多年前，有一个叫苏格拉底（Socrates）的人走在雅典的大街上，想出了一种方法（通常被称为"苏格拉底法"），来教他的学生，哲学家们至今仍在使用这种方法。苏格拉底通过提问传达自己的观点，让学生发现自己的推理中存在的问题。同时，通过引导学生提问，让学生发现自己论证中的不足之处（苏格拉底则不必提出这些问题）。

拒绝放弃自己的立场是沟通中最常见的一种情况。在这种情况下我们也容易采取和对方同样的方式行事，而这是我们无论如何都要避免的。

在这种情况下，我希望你能像苏格拉底一样，通过提问的方式，试着帮助对方进行思考，恢复理智。

在这里需要注意的是，我们需要的不是普通的问题，而是一些非常特别的问题：**能了解他人的观点立场的问题。**

仅仅是询问他人的立场实际上就可以解决问题，因为这个问题这可以激活对方大脑中负责思考的部分。同时，这个问题中不能含有任何讽刺意味，应当展现出你的真诚。你提出的问题应当将对方的不妥协看作是满足双方需求的尝试。

为了向你展示这在实践中如何发挥作用，现在让我们回到我和冰箱关于鸡腿的讨论。

如果我接着说："我就要鸡腿！"但冰箱想不出其他办法来满足我的饥饿感，它就会问我：

"我知道你很饿，但是我没有鸡腿。追求一些不存在的东西没办法解决你的问题。"

现在，从某种程度上，我不得不用理智进行思考，而不仅仅是感情用事（用我的爬虫脑思考），这可以帮助我意识到，要求一些实际上不可能得到的东西的不可理喻。

当对方拒绝放弃自己的立场时，另一种应对方法是**以辩论的形式提问**。

以"辩论"的形式提问，首先需要我们提出一个论点可以激活第二章中提到的镜像神经元，而镜像神经元则会让对方进行换位思考。镜像神经元让我们不能同时拥有愤怒和同情两种情感。如果我们变得富有同理心，那么我们就不会变得愤怒，反之亦然。例如下面这个例子。

如果你想以辩论的形式向一个整宿玩电子游戏的青少年提问，你可以这样问：

"如果你是一名学生的家长，你看到你的孩子做了一些不利于学业的事情，你会怎么做？"

如果我们提出的这个论点实际上非常荒谬，那么这个少年可能会恢复自己的理智。因为人们天生有实事求是的倾向。但这个少年也许不会立刻放弃自己的立场，但是只要这个不羁的少年稍微露出一点破绽，我们就可以抓住这个机会，将讨论引向另一个方向。

此外历史上还有一个真实的例子。埃及和以色列之间长期存在冲突。一名美国律师得到了一个采访埃及第二任总统纳赛尔（Nasser）的机会，记者问纳赛尔总统："你想要什么？"

"我希望以色列能够撤军。"总统回答道。

"撤军？"

"是的，完全退出我们的领土。"

"你能给以色列什么？"

"什么都不给，我们要求他们撤军，但我们不会给他们任何帮助。"

"你认为这个要求合理吗？"美国律师问。

"不管合不合理，这是我们的领土。"

"如果戈尔达·梅尔（Golda Meir，以色列总统）明天在以色列电视台说：'我们放弃了所有的领土，西奈半岛、加沙、西岸……整个地区，没有得到任何东西。'你认为他们会怎么样？"

纳赛尔笑了起来，说："那他们可就真的有麻烦了。"

经历了两国之间争执的人后来证实，纳赛尔在了解到他的要求实际上是多么荒谬之后，在当天同意了停火。

当对方用言语攻击你或者你的建议时

在试图达成一致的过程中，人们花了很多时间在批评他人的观点和捍卫自己的观点上。解决这个问题的办法是不要为自己辩护，要请他人提出更多的批评。为此，我们也需要提出正确的问题。

要求对方接受或拒绝自己的建议，不如问问对方认为你的建议有什么问题。这是一种语言艺术，你做了与反抗相反的事——更加灵活地处事。

让我们再次回到与冰箱的讨论。可以说，在那个夏天的晚上，我不仅是饿，我简直快要饿死了。虽然冰箱给了我一个马扎然蛋糕和两个香蕉，但是我对冰箱说：

"一个马扎然蛋糕和两个香蕉？你一定是在开玩笑！你凭什么认为我会答应这样一个垃圾提议？"

对此，冰箱可能会回答："我知道你不喜欢我的建议，但你能不能告诉我原因？"

这时，我大脑中的敏感部分突然被激活，让即将沸腾的爬虫脑恢复了冷静，停止了继续表达我的不满。

当你本人而不是你提出的建议受到攻击的时候，解决之法就是将对方的攻击理解为对你的建议的攻击，而不是针对你这个人的。

如果我攻击了冰箱（虽然这种情况不太可能出现），也许我会说："你这个没用的老冰箱……你就是年复一年地站在这里，一句话也不说，我饿了的时候，一点儿忙也帮不上！"

如果冰箱能够将这种程度的人身攻击理解为对它建议的攻击，它可能会这样回答："为什么你一点也不喜欢马扎然蛋糕和香蕉这个建议呢？"

为自己辩护只会制造僵局，这个时候你需要提问，邀请对方继续批评自己。

当对方很生气时

面对一个拒绝放弃自己立场的人，我们可以使用提问的方法。但是如果我们面对的是一个极端愤怒的人，我们就不能使用这类问题了。

一个非常愤怒的人的爬虫脑往往在进行高速地运转，现在我们需要做的是让他／她的爬虫脑平静下来。现在不是讲道理的时候，和一个愤怒的人讲道理是讲不通的。

在这种情况下，我们首先要帮对方释放感情。换句话说，我们需要给对方一个发泄的机会。

这个方法的重点是在对方发泄不满的时候，我们自己要保持冷静，然后通过展现对其情绪的理解来激活对方的镜像神经元。这个时候我们需要做的是**询问和倾听**。

这与换位思考有关，就像在建立良好的人际关系那一章中描述的那样。在他人生气的时候，我们必须保持冷静，不能让自己生气，否则事情往往会事与愿违。"我理解你"并不是合适的用语，因为往往紧接着我们就会受到指责："你总是以为你很理解我，但是你根本一点都不理解我！"

下面是 FBI 面对非常生气的人的时候会使用的应对方案。他们会以"所以你……"作为开头，这是一种非常好的解决方法。

当我发现鸡腿不见了的时候，冰箱就会说："所以现在你不仅饿，而且还很生气。"

这个方法的关键之处在于，既可以避免增加对方的挫败感，又可以真实地反应对方当下的心情。

决定性的结合

弗洛伊德（Freud）首次提出了让某人"发泄他的怒气"可以降低其攻击性，让其恢复理智，重新回到放松的状态。后来其他研究者对这一说法进行了进一步澄清和阐述。

例如，来自旧金山大学的研究员詹妮弗·帕拉米斯 (Jennifer Parlamis) 通过一系列实验发现，仅仅是发泄情绪并不会让愤怒的情绪减弱（尽管它可以让人在其他方面感觉更好）。在发泄了愤怒的情绪之后，他 / 她需要与接收自己情绪的人进行某种形式的正向互动才可以减少攻击性。

因此，将情感宣泄和互动相结合，也就是提问和倾听相结合，是让愤怒的人冷静下来、恢复理智的最好方法。愤怒情绪的源头与询问和倾听行为来自同一个人的时候，这个策略尤其奏效。

请记住

- 如果你发现自己毫无进展，即使你已经尽最大的努力完成了前四步——这很可能是由于对方的爬虫脑造成的。这个时候，你需要 B 计划。
- 在这种情况下，提出问题和倾听，激活对方的大脑敏感组织是最好的 B 计划。

需要做的事情

● 如果对方在一个立场上反复纠缠，你可以问下面这样的问题：

●"我听说你要求……，为什么它可以解决你的问题？"

●或者采取辩论形式的提问：

●"你站在我的角度想一想，如果有人说了同样的话，你会有什么感受？"

● 如果有人批评你或你的建议，不要为自己辩护，相反，你应该说：

●"我听说你不喜欢我的建议，你能解释一下为什么吗？你认为这个建议最大的问题是什么？"

第八章
沟通力法则的实际运用

根据形势，弹性运用五大步骤

职场篇：看到解决问题的机会，而不是只看到障碍

家庭篇：你的正向改变，能影响周围人的心态

生活篇：立场不同，也能建立良好的人际关系

> 事情应该力求简单，不过不能过于简单。
>
> ——阿尔伯特·爱因斯坦（Albert Einstein）

现在是时候开始在工作中、在家里、在空闲的时候实施这五个步骤了。通过这五个步骤积攒所有的优势，随后最大化获得共赢的机会，从而做出更明智的决定、减少争执、优化人际关系。但在开始实践之前，我想强调几点。

首先，我想强调的是，这些步骤本身是简单而自然的，尽管我用了100多页对它们进行了详细的描述。这本书的首要目的并不在于让你掌握所有的技巧和诀窍，而是希望让你通过阅读，理解每一步所要达成的目标，通过提高相关的意识，在现实生活中，由内而外，做出正确的行为。

为了展示这些步骤事实上有多么简单，我想再梳理一下这五个步骤，形成一个简化版。

根据形势，弹性运用五大步骤

沟通力法则的五个步骤可以简化如下：

第一步：保持积极心态

在开始之前，获取积极的感觉。

↓

第二步：开始思考

思考谈话双方需要的是什么，以及如何满足双方的需要。

↓

第三步：建立良好的人际关系

提出问题并认真倾听他人的回答。

↓

第四步：选择合适的用语

关注需求和备选方案（不要拘泥于自己的立场）。

↓

第五步：准备一个B计划

坚持提问，不要为自己辩护或批评他人。

↓

高效沟通

你可以在自己状态最好的时候先练习一下这五个步骤，慢慢提高练习频率以及使用效果。这样一来，当你快要昏头的时候——变得暴躁或者陷入争论时，你会知道如何让自己脱离困境，再次回到建设性的谈话中。

顺应形势

在此，我还想强调的一点是，这五个步骤的排列顺序具有一定的逻辑性，例如将"积极的心态"这一步放在"思考"前面，是因为积极的感觉能让我们更容易开始思考，让我们变得更聪明。同样，将"B 计划"放在最后一步是因为在准备"B 计划"之前，我们需要进行各种各样的探索。

但是，你也不必完全照着这个顺序来操作，应该视情况而定。谈话进行到一半，对方对你的提议表示了同意，在这个时候你就可以用鱼尾纹微笑来应对；又或者双方一见面，对方就说："不管你说什么，我意已决。"而这个时候，你可以立刻使用 B 计划："既然你已经决定了，那我们为什么要见面呢？"

这同样适用于提议。我在这里想要强调的是，提议的目的是让事情变得简单，将成功的机会最大化。总的来说，重要的是不要为难自己，别把前几章中所写的每件事都当作严格的指导方针，应该更多地将它们看作一般性的建议，根据生活中遇到的具体情况加以调整。

如果你有让自己心情好起来的方法，那就在开始之前使用你自己的方法。或者，如果散步或听音乐能让你更好地思考，更有创造力——那么就做你想做的，提前准备好备选方案。

职场篇：看到解决问题的机会，而不是只看到障碍

> *知道如何与人相处，是成功公式中最重要的一个因素。*
>
> ——西奥多·罗斯福（Theodore Roosevelt）

我们一天中 1/3 的时间都花在了工作上。如果我们能在工作中感到舒适，那么我们的工作将成为我们快乐和满意的源泉，我们也就能感受到生活的意义。如果我们在工作中感到不舒服，工作反而会给我们带来压力和不满，让我们的生活变得悲惨，这会影响我们一生的幸福感。

在工作中，我们需要处理各种各样的人际关系，如与领导、同事、客户的关系等等。从咖啡机旁的简短问候到长期友谊，这些人际关系有着各种不同的表现形式。在工作中，我们经常需要做出各种各样的抉择，同时，我们也会遇到有着不同目标和前进

方向的人。

无法与他人达成一致会给我们带来三个问题：错误的决定、浪费时间和精力以及恶化的人际关系，这些会降低我们的舒适感和幸福感。因此，我们的目的很简单：在工作中做到与他人达成一致——这也是本章的主题。

在这里我要先讲一个关于一位单身母亲的故事。这个单身母亲叫安娜（Anna），她有两个孩子，在宜家（IKEA）工作。当然，你也可能有着其他的身份——总经理、健身房领导，或者是一个刚刚开始实习的实习生，什么身份及做什么工作并不重要，但是在工作中达成一致的原则是一样的。所以，让我们从安娜的日常生活开始，看看这五个步骤如何帮助她在工作中做到共赢。

策划厨房广告

安娜在宜家已经做了好几年的装饰工作，她希望有进一步的发展。几周前，经理问安娜是否愿意负责一个厨房装饰的广告。安娜自然一口答应，这是她一直期待的一个机会。

安娜对环境问题非常感兴趣，她提议该系列广告应该融入可持续性的理念。经理非常赞赏安娜的提议。安娜随后联系了广告部，广告部制作了一份活动方案，拟定口号为："厨房的可持续性。"安娜还提出宜家餐厅应该为所有顾客提供素食试吃（在收银台旁边出售素食），展示新的环保烤盘。

然而，这种快乐并没有持续很久。安娜收到一封领导的邮件，邮件里说"今年我们得做一个一般的厨房广告""环保厨房的广告得再等等"。安娜惊呆了，她打电话给她的领导，领导解释说，他们的方案被广告协调员鲍勃（Bob）退回来了。鲍勃负责协调整个广告企划，他说广告目录已经寄给印刷厂了，现在也没法改了。她的领导继续说，如果安娜和鲍勃没法达成一致，那么就以鲍勃的决定为准。

安娜决定和鲍勃谈谈，找出真正的问题。没时间耽搁了，她打算第二天一早就去。

沟通失败的结局

"你好，请问你有时间和我谈谈吗？"安娜和鲍勃打招呼。

鲍勃刚脱下外套坐下来打开了电脑，听到这话他惊讶地抬起了头。

"哦，你好！一切都好吗？"

"还行。"安娜回答。说着坐在了鲍勃桌子的另一边为来访者准备的椅子上。

鲍勃说："现在，我登上系统了。"他舒服地坐在办公椅上，友好地看着安娜。

安娜说："我听说环保厨房的广告出了些问题。"她没等鲍勃回答就接着说："我和广告部已经制订了广告方案和口号，一切都已经准备就绪。此外，我们还打算借此机会展示新的炉具。"

"你们的广告方案看起来很有趣，但问题是定广告的最后期限是上周。所以我觉得最好等到明年再做这个项目。"鲍勃回答道。然后伸手去拿桌上今天的第一杯咖啡。

"当然，事情总是可以晚一点再做，但是现在环保是个热门话题，我们为什么要把环保厨房的广告推到明年再做呢？"安娜问。她边说边激动地举起了手。

鲍勃小心翼翼地啜着热咖啡。

"我理解你的心情，但我必须考虑到整体进度，目录两天前已经寄给了比利时的印刷厂。"

"你不明白我投入了多少时间在这件事情上面。一开始是管理层邀请我来做这件事情，如果他们不想做，又为什么要来问我的意见呢？"

"但是安娜，你要知道我是广告策划的负责人，而且……"

安娜提高了嗓门："如果不是环保，而是其他的事情，你可能就不会这么敷衍了。"

"你这就有点无理取闹了。我有责任确保所有工作顺利开展，现在你只能接受这个事情。"鲍勃说。好像他对今早的小饼干搭配咖啡不太满意。他看着安娜，坚定地说："不好意思，现在得请你离开了，我还有其他的事情要做。"

安娜站起来，没打一声招呼，走出了房间。

在这里安娜表现得并不算太好。你可能会暗自同意这个说法。那么她做错了什么呢？

- 一开始没有端正自己的态度。

- 和鲍勃见面之前，没有做好准备。

- 没有尽力与鲍勃建立良好的人际关系。

- 没有使用合适的用语。

她很可能会认为这全都是鲍勃的问题，完全没有意识到这其实是自己的问题。她的做法不仅让问题无法得到解决，同时也恶化了她和同事的关系。事实上，安娜完全可以采取不同的行动，从而得到一个完全不同的结果。她也不需要付出太多的努力。现在让我们从头再来。

共赢的结局

安娜每天早上都会在 12 路公共汽车站的候车亭看到一些熟悉的面孔。她通常会用眼神和他们打招呼，但今天早上，她一心只想着广告策划的事情，没有心思管其他的。

在车上，安娜突然明白她应该抓住这个机会让自己冷静下来。她早餐只吃了一点点，但她记得包里还有一个蛋白棒。吃过东西后，她感觉好多了，她将注意力放在了自己的呼吸和身体的感觉

上。（第一步：保持积极心态）

她很快想清楚到底发生些了什么，她必须采取措施以最好的方式解决问题。她拿出记事本，开始思考对双方都很重要的是什么。（第二步：开始思考）安娜总结得出，对她来说，最重要的是表现出自己的责任心——也许不是对广告企划本身负责。当她想到鲍勃时，她认为他关心的是广告活动是否能顺利开展。当然，他们都希望广告活动能够取得成功。

安娜的重要事项清单如下：

我	鲍勃
负责广告	工作效率
广告成功	广告成功

安娜看着自己列出的重要事项清单，她发现，即使她和鲍勃有着不同的看法，但是认真来说，实际上他们之间并没有那么大的意见分歧：安娜的广告活动安排与有效性并不相持，鲍勃大概也不会反对她这样安排。

准备好备选方案后，安娜给广告部打了一个电话。广告部的人告诉她，通常每个进行的广告活动都需要先登记在一个目录上，但这也不是绝对的，有时也会先开展，后登记。安娜一下子看到了事情的转机。

过了一会儿，在鲍勃的房间外面，安娜使用了鱼尾纹微笑，做了几次深呼吸，尽管门半开着，她还是敲了敲门。

"打扰一下，我们能聊两句吗？"安娜说。

鲍勃刚脱下外套坐下来打开了电脑，听到这话他惊讶地抬起了头。

"是的，当然，一切都好吗？"

"一切都很好，要是再有一杯咖啡就更好了。"安娜回答道。然后她开心地举起了手里的杯子。

安娜看着鲍勃面前拟定的广告目录，问了他几个问题（她知道这些目录是鲍勃的骄傲）。鲍勃热情地描述了他都做了哪些工作，以及准备好后他有多满意。安娜一边听一边点头，认可了鲍勃的做法。（第三步：建立良好的人际关系）

在鲍勃快要结束自己的谈话的时候，安娜说："我听说环保厨房的广告出了点问题。"

鲍勃解释说，因为现在需要和比利时的印刷厂合作，广告制作比以前更复杂。他看着安娜，最后用真诚而抱歉的语气说，他知道她为这个广告活动付出了很多，但现在真的没办法做。

安娜决定实施一个最可行的解决方案。她详细地解释了她为什么会来负责这个环保厨房的广告活动，以及活动中包含的食品推广活动和其他相关活动的计划。（**第四步：选择合适的用语**）鲍勃听得很认真，最后安娜在她谈话的结尾明确地提出了自己的需求："对我来说，负责这次的广告活动是我一直等待的一个机会。"

他们沉默了一会儿，然后安娜问："这件事完全没有转机吗？"

"'完全没有'这个说法有点夸张。"鲍勃说。他看起来好像在找一些合适的语言来回答这个问题。安娜在等鲍勃下一步的行动。

"这样吧，"鲍勃继续说（他看起来好像已经想清楚了），"我一会儿去看看事情还有没有什么转机。可能纸质版目录校样还没有寄到比利时。今天下午再联系。"

安娜随即离开了鲍勃的办公室。晚些时候给鲍勃打电话的时候得知现在还可以在目录上做一些必要的修改，可以加上她的广告活动。

事情解决得很顺利，不是吗？安娜甚至不需要使用她准备好的备选方案。如果鲍勃继续为难她，安娜也还留有后手，帮助她和鲍勃达成一致。

做好准备、认真思考能够提高我们的建设性思维和解决问题的能力，让我们对整个问题采取不同的态度，这是解决问题的必要条件。同时，在安娜这个例子中，重要事情清单也起到了重要的作用。重要事项清单让她：

- 看到解决问题的可能性而不是问题中的障碍。

- 放松下来，变得更加积极。

安娜的这些变化对接下来的谈话也会产生影响：她更容易以一种良好的方式开始自己的谈话，正确地表达自己，让鲍勃能够站在安娜的角度思考问题；可以和鲍勃建立一个良好的人际关系。安娜甚至都不用使用第五步——准备一个 B 计划。

当然，事后鲍勃不会和他人说他帮助安娜，是因为两人的关系好。他可能会说这样的决定完全是他充分思考之后的结果；他也可能会说，这是他想出的一个让所有人都满意的聪明的方法。

这对我们来说都不是问题。我们的沟通目标不是让我们的能力得到官方的认可或奖励，相反，我们应该对这样一个结果感到满意。

提示：重要事项清单变体

在职业生涯中，我们需要和许多人打交道，照顾到许多人的想法。我们的工作环境有时会变得非常复杂。这个时候，重要事项清单可以在很大程度上帮助到我们。

我们可以像安娜一样制作一个重要事项清单，寻找双方的需求，帮助自己将整个谈话引上正确的轨道。有时候我们也可以和他人一起制作一个重要事项清单。你可以主动邀请对方一起为接下来的讨论列一个要点，你可以这样说："我们可以在黑板上将讨论的内容写一下，这样更清楚，你觉得怎么样？"然后你只需要在黑板上画一条竖线，在左边写下你看重的东西，在右边写下对对方最重要的东西。

接着，你们就可以看到你们之间存在的问题。把问题暂时放在一边，你们就可以一起分析问题并尝试找到问题的解决方案。制作重要事项清单的时候，不一定非要写在黑板上面，找一张A4纸，甚至是一张餐巾纸也可以。

在实践中尝试一下，你就会惊讶地发现，用这个策略可以轻而易举地将对话引向促进合作的方向。

请记住

● 在工作中，我们需要处理各种人际关系，然而我们不能只将这些人际关系视作工作关系。如果我们希望他人能支持我们的想法，那么工作中的人际关系与通常意义的人际关系并无两样，对我们同样重要。

需要做的事情

● 练习这五个步骤，并在具体的工作环境应用它们。

● 在工作中面对一些复杂的情况的时候，可以试一下重要事项清单。你可以自己一个人提前制作一个重要事项清单，也可以邀请其他人一起制作。随之而来的结果可能会出乎你的意料。

家庭篇：你的正向改变，能影响周围人的心态

> 如果我们感觉良好，内心平静，能够保持微笑，那么我们的家庭也会和睦。
>
> ——一行禅师

在家庭中，我们经常需要在各种事情上和他人商议，有时会接连数天发生这样的情况。家里的人往往对我们很重要，因此我们必须要找到和他们达成一致的方法。

为了说明如何在家里使用这五个步骤做到高效沟通，本章将介绍亚当（Adam）和伊芙（Eve）的故事。亚当和伊芙是一对夫

妻，亚当是一名高中老师，伊芙是一家公司的客户服务。

你的家庭环境可能与他们的完全不同，但是这并不是很重要，因为我给的建议都是一样的。我将家庭环境定义为一个由你所爱的人组成的环境——这不是一个地理意义上的概念，你和你所爱的人甚至都不需要住在同一个屋檐下。如果你是一个20岁的未婚人士，你可以在圣诞节拜访父母的时候使用我的建议；如果你是一个有3个孩子的单身母亲，你也可以在和你十几岁的女儿讨论时使用我的建议。

所以，现在让我们把注意力转移到亚当和伊芙身上，看看这些步骤如何在家庭环境中使用。

亚当和伊芙的阳台

3月的一个早晨，亚当和伊芙一边吃着早餐，一边展开了关于阳台的讨论。他们都认为阳台需要安装一个雨篷和防护装置，现在需要预约雨篷公司。因为他们早上的时间不多，所以他们决定晚上再谈谈。

开车上班的路上，亚当又想起了他和伊芙关于阳台的讨论，他和伊芙对阳台有着略微不同的想法：伊芙想要一个封闭式的阳台，给阳台装上遮阳篷，侧面装上挡板，像他们邻居那样。然而，这样做会让亚当产生幽闭恐惧。为了避免产生这样的感觉，亚当不想把阳台前面封起来，但是伊芙又不同意。当亚当试图提出这个问题时，气氛就会变得有些紧张——这还是在好好说话的时候。

工作的时候，亚当一直在忙，没时间想阳台的问题，但在回家的路上，在车里，阳台问题又浮现在了他的脑海中。他决定回家后和伊芙提出这个问题。这个问题迟早要谈，他希望一切能够顺利。

先让我们先看看，让他们自己处理时会发生什么。

沟通失败的结局

完成了一天的教学工作后，亚当变得很疲惫，回到家和伊芙打过招呼后，他注意到伊芙看起来也很疲惫。伊芙开始抱怨工作中一些新的指令的时候，亚当没有专心听伊芙在讲什么，他的心思全放在了伊芙下班回家的时候买的寿司盒上。亚当现在想起了他们早上关于阳台问题的讨论，他知道这件事不好商量，但他还是要鼓起勇气和伊芙谈谈。

"伊芙，"亚当开始说，"如果我们不把阳台全部封起来，把前面留出来，你觉得怎么样呢？"

伊芙带着疑问的表情，回答道："留出来？"

"是的，我们今天早上说过晚上再讨论这个问题。把阳台前面留出来，能看到院子外面的景色，这样更好。"

"你知道有时候后面的风有多大。我以为我们已经说好了，你可以给雨篷公司打电话了。"伊芙说。

亚当接着说:"是,这个说法没错,但我会觉得自己好像住在一个地堡里一样。"

"地堡?"伊芙听起来很生气。

"我只是觉得不要把阳台完全挡起来会更好一些,"亚当反驳道,"我以前也和你说过。"

"总是你想怎么样就怎么样,不是吗?我觉得应该是我们两个人一起做决定。"

"我不想让自己觉得被关在家里,"亚当为自己辩护,"你非得这样的话,你可以选择一个和你更合适的人在一起!"

伊芙惊呼着从椅子上突然站起来。

"站住!"亚当说。但伊芙已经走出了房间。亚当坐在厨房的桌子旁,思考他们之间究竟出了什么问题,为什么总是这样。

这件事情亚当处理得不是很好,对吧?他犯了哪些错误?亚当犯的错误如下:

- 持有消极的态度。

- 没有做任何的准备。

- 回家后没能和伊芙建立良好的人际关系。

- 以错误的方式提出他的建议。

- 出了问题之后,他不知道该怎么办。

上面这些让他们俩都不高兴，也没有得出一个合理的解决方案。这不仅浪费了他们的时间和精力，而且恶化了他们之间的关系。

这种事情实际上经常发生，你可能遇到过类似的情况，我们往往要为此付出高昂的代价，但是要取得一个共赢的结果并不需要我们付出很高的代价。

那么，现在让我们看看亚当怎么做才能取得一个共赢的结果。

共赢的结局

亚当需要做的就是使用沟通力法则的五个步骤。在亚当回家之前，我们先去他工作的地方看看。

亚当坐在电脑前查看当天的电子邮件。他刚吃完午餐，还有10分钟下一节课就要开始了。他回想起早上和伊芙的对话，感到有些许为难：让伊芙改变想法会不会很难？他们会为此吵架吗？

他提醒自己，让事情顺利进行的基础是怀有一个积极的态度——他现在开始了第一步。（**第一步：保持积极心态**）亚当激活了眼睛周围的肌肉，将自己的嘴角慢慢向上移动——一种温暖的感觉从面部开始蔓延到全身（鱼尾纹微笑）。亚当立刻变得更乐观了，然后他问自己：对我们来说什么是最重要的？亚当不得不承认这样一个事实：给阳台装上顶篷和侧面护板并不是他们真正想要的，他们想要的是一个可以一起享受的户外休息场所。（**第二步：开始思考**）

确定了自己的想法后，亚当重获信心，然后他开始在网页上搜索。几分钟后，他在网页上找到了一个专门介绍阳台装修的网站。在网站上，他看到有些人将有机玻璃装在阳台前面挡风，还有人在天花板上挂了一副窗帘（让阳台变得更浪漫）。完美！亚当心想：现在我有了一些更好的方案。

他的思绪被上课铃打断了，还有两分钟上课。亚当关掉电脑，离开了办公室。

几个小时后，亚当把公文包放在了客厅里。看见伊芙在厨房桌子边坐下后，他赶紧拿出两个寿司盒，坐在伊芙对面，露出鱼尾纹微笑。

"今天过得怎么样？"他高兴地问。

"我简直要被逼得神经衰弱了！"伊芙开始抱怨，听起来不像亚当那么高兴，"新店的管理层决定全体员工每年必须至少负责一次广告活动，一次部门装修。我不知道怎么才能完成这么多工作。"

亚当回答道："听起来是很难。"

伊芙接着说大多数员工对管理层的这个新决策都不满意，亚当一边听着伊芙抱怨，一边小心翼翼地观察她。（**第三步：建立良好的人际关系**）

伊芙抱怨完后，他们就把注意力转移到了寿司盒上。

"我们今天早上讨论过阳台的装修，你还记得吗？"亚当接着说。

"嗯。"伊芙含含糊糊地回答，忙着吃寿司。

亚当决定把整个谈话直接引向重点："我想我们的目的只有一个，就是想要一个舒适的阳台，不是吗？"（**第四步：选择合适的用语**）

"是的，现在尤其需要。"伊芙叹了口气。

"去年我们去看了约翰逊（Johnson，他们的邻居）家的阳台，你可能还记得我说过，我不太喜欢他们的装修。虽然我知道后面的风很大，你也不喜欢坐在风很大的地方。"

"嗯。"伊芙一边吃一边咕哝。

"我今天研究过了，现在有几种解决方案，可以让我们的阳台既敞亮又防风。我们可以在阳台前面安一块透明的有机玻璃。"

"有机玻璃？亚当，这听起来不太容易弄。"伊芙看着他说。

"可能吧。还有一种方案是在屋顶上挂一个长长的窗帘，我们可以把它拉起来，在心情好的时候也可以打开。我找到了一张照片，我可以给你看看它的效果，很浪漫。"亚当说。他对手上的这几个方案非常满意。

"嗯，这些看上去还不错，"伊芙说，"等会儿再看，好吗？"

"行，当然可以。伊芙，亲爱的，这烤三文鱼真好吃，是不是？"

在睡前，他们一起搜集了一下信息；第二天吃早饭时亚当打电话给雨篷公司订购雨篷，伊芙则去找一些合适的窗帘。

事情进行得很顺利，不是吗？这件事情中，我们可以看到使用前四个步骤，亚当避免了之前的错误，并获得了三个主要的优势：

- *一个好的决定。*

- *没有浪费时间和精力。*

- *更好的人际关系。*

但是，如果伊芙没有像现在这样表现得这么理智，而是钻牛角尖了呢？这个时候亚当则需要启用第五个步骤：准备一个 B 计划。

如果伊芙的心情比当时还不好的话，当亚当提出他的建议的时候，她可能会说：“有机玻璃？我觉得自己简直像鱼缸里养的鱼。我不同意，除非我死了！”

“好吧。那在屋顶上挂一个长长的窗帘怎么样？我们可以把它拉上，也可以在心情好的时候拉开。我找到了一张照片，我可以给你看看它的样子，很浪漫。”

“窗帘？挂在屋顶？不可能，亚当，我想要一个封闭式阳台，没得商量。”

伊芙的爬虫脑正处于活跃状态，亚当现在需要一个非常好的

B 计划，否则没法继续这个讨论。B 计划可以让伊芙的大脑恢复理智，开始思考。你应该记得，要实现这一点，我们有两种方式。

首先亚当应该问伊芙如何才能解决这个问题："伊芙，我们想要一个让我们两个人都能感到舒服的阳台，但你现在突然说你根本不想谈这个问题，你能告诉我，不商量的话怎么才能实现这个目标？"

此外，亚当还可以通过以辩论的形式提问来激活伊芙的大脑敏感组织："伊芙，今天早上我们说要谈谈阳台的事。你站在我的立场上想一想，如果你遇到一个说'就是这样！'的拒绝讨论问题的人，你会有什么感受？"

这两种策略能够尽量使伊芙的爬虫脑平静下来，激活伊芙大脑中的敏感组织，恢复理智，让亚当有机会再次把谈话引向正确的方向。

乱七八糟的房间

共赢的核心——满意——在家庭环境中的表现形式与在工作环境中或休闲时光中的很不一样，尤其是在和小孩或青少年交流时。举个例子：

比如你的家里现在有一个十几岁的孩子，这个孩子不想打扫自己的房间，脏衣服越堆越多。当然，这个时候，你可以冲进房间，对他／她说:"再不打扫房间,你这个星期就别想玩电脑游戏了!"

但是这样做的问题在于你们之间很有可能爆发冲突,根本解决不了问题。这不是一个很好的解决方案。在这里你也可以试一试五个步骤:

第一步:保持积极心态

你首先要对问题采取正确的态度(一杯咖啡、鱼尾纹微笑,或者任何让你心情好的东西),然后再努力找到一个让双方都满意的解决方案。

第二步:开始思考

你可以在网页上搜索"如何让家人学会互帮互助,能够做一些自己力所能及的事情",试图找到一些解决方案。比如,每周找一个固定时间让全家人一起打扫房间,打扫完后一起做一些让大家开心的事情。

第三步:建立良好的人际关系

走到孩子身边(以积极的态度面对他／她),和孩子聊一聊他／她的学校、他／她这一天过得怎么样,或者他／她当时想谈论的事情。

第四步:选择合适的用语

向他／她解释家人间互相帮助的重要性,提出你的想法并听取孩子的反馈。

第 5 步：准备一个 B 计划

如果孩子说："算了吧！我死都不会做的！"这个时候，你就需要进一步强调这个问题对你很重要，然后用辩论的形式提问：其他人为他 / 她做了力所能及的事，而他 / 她却不愿意为家里的其他人做一点事情，问问他 / 她站在你的角度会怎么想。

通过这样的方法，对方很有可能会给你一个积极的回应。同时，如果你收到的不是一个大大的微笑，而是一个暴躁的表情和一句"哦，知道了"，但你也应当将此看作一个共赢的局面。长远来看，你的孩子也会养成整理自己的东西，给家里帮忙的好习惯。

事实上，与儿童或青少年谈话和与劫匪谈话有很多相似之处。在人质事件中，警方不得不提出自己的建议，对另一方的行为负全部的责任。家长的立场也是一样的：家长有责任引导孩子的健康成长，孩子面对的问题和挑战在一定程度上也是家长的问题和挑战。

请记住

● 共赢在家庭环境中也能起到关键性作用。共赢所包含的满意感、良好的人际关系和长期可持续性合作在家庭环境中往往很重要。

● 练习这五个步骤，在具体的家庭环境中应用它们。

● 请记住，当你或你的家人变得情绪化时，你可以通过改变自己的态度来改变其他人的态度，在谈话开始的时候，通过提问和倾听，改变事情接下来的走向。

● 当事情开始不对劲的时候，请记住一个非常简单的定律：当你意识到自己在批评他人或为自己辩护的时候，使用B计划，然后看看接下来会有什么变化。

生活篇：立场不同，也能建立良好的人际关系

> 正是我们的休闲时光展示了真正的自我。

> ——奥维（Ovi）

"人类在其存在中是否需要一段时光，既不在五年计划中，又不需要与任何一个组织的日程安排或其他计划相适应？"

德国哲学家、作家约瑟夫·皮耶珀（Josef Pieper）提出了上面这个问题。他给出的答案是："是的，这样一个时光被称为'闲暇'。"

在今天，对于大多数人来说，工作和休闲之间的界限更为模糊。但无论如何，在工作以外，我们也确实拥有一些可以自由支配的时间。

在休闲时光中，我们很多时候没有多余的精力或动力去做一些除了看"肥皂剧"以外的事情，但是大多数人偶尔也会做一些自己喜欢的事情（尽管每个人喜欢的事情不尽相同）。

当我们从电脑椅上站起来，从门口走出去，在俱乐部、社团或其他聚会上，我们也会遇到与我们想法不同的人。

当然，休闲时间里的人际关系会和工作中的略有不同。休闲时间里的人际关系更倾向于"休闲导向"，但这并不是说它们对于我们来说不重要。这些关系可以让我们感受到我们的生活中并不是只有工作，从而给我们一种安全和稳定的感觉。因此，在休闲时光中，我们有需要以在工作中截然不同的思维方式与他人达成一致。

本章将介绍一个对足球非常感兴趣的人的故事。他叫奥利弗（Oliver），今年 25 岁，在 IT 行业工作。此外，他还参加了一只业余足球队，在一个叫马洛维萨田径协会（Mallowsea Athletics Association，马洛维萨 AA）的俱乐部给当地青少年当教练。

即使你对足球不感兴趣，又或者你把业余时间都花在了菜园或参加猫咪展览上，这些步骤对你也是有用的。与之前一样，这个例子虽然简单，但其原则是通用的。

现在让我们来看一下和一群13~16岁的年轻球员结束训练后，奥利弗在开车回家的路上，他心情不太好的时候会做些什么。

如何沟通足球俱乐部分组

奥利弗的手指不耐烦地敲着方向盘，他想等绿灯一亮就掉头，开车原路返回。奥利弗刚刚接到一位教练的电话，说新上任的主席想把少年队从三支合并到一支，少年组将被取消。

让他担心的并不是他的工作，而是其他的。目前，马洛维萨AA有一支比赛组，由最优秀的青少年组成。此外还有两个少年组（也会参加竞争性质的比赛），由没有进入比赛组的队员组成。由于两支少年组目前队员人数不足，所以两个队伍比赛时，比赛组的队员不得不到实力稍弱的少年组补足。因此，比赛组的队员往往要和实力较弱的球员踢更多场次的比赛。

奥利弗认为让比赛组和少年组混合在一起可以增强他们的集体精神。少年组的球员也需要为参加比赛做好充足的准备，让他们有更真实的感觉。如果没有这种感觉，他相信队里的许多年轻队员将放弃踢足球。

新任主席亨利（Henry）想取消少年组，将少年组合并成一个大组（只进行训练，不组织比赛）。亨利告诉委员会，这样做可以让比赛组的队员有更多的机会休息，不用经常踢比赛。亨利还希望每年能够从大训练组选拔队员到比赛组，将注意力集中在年轻的精英球员上。在青少年参加体育运动的意义上，亨利与奥利弗的想法完全相反。

绿灯亮了，奥利弗开车返回俱乐部，他打算找主席谈谈。

沟通失败的结局

"你好！"亨利一边说，一边将一兜子球扛到了肩上，"就算马洛维萨 AA 的董事长也得干这些杂活儿。怎么样，一切还顺利吧？"

"差不多，还行。"奥利弗回答。他很高兴看到亨利还在工作，他赶紧接着说："但是，现在我有个问题，我们真的要在秋天前取消少年组吗？"

"是的，是这样的。"亨利说道。

"我不明白，委员会是怎么想的？"奥利弗问道。但是他心里很清楚这是亨利的主意。

亨利把球扔到地上，说："昨天我们开了个会，提出了这个方案。"

奥利弗坚定地看着亨利说："你的意思是不是因为我们让踢得好的孩子和那些踢得不是很好的孩子一起踢球，让一些父母们不开心了。这就是背后的原因，不是吗？"

"我只是觉得让一些人一周踢三场比赛太累了，他们很容易受伤。我认为从长远来看，这对所有人都有好处。"

奥利弗反驳说："问题是这对年轻人是否有好处。你自己也当过教练，你应该明白最重要的不是在某些家长面前装好人，而是扩大俱乐部的规模。"

亨利说："现在的关键不是孩子们的父母，而是我们的长期战略。"

"什么战略？"奥利弗说着把双手叉了起来。

"我现在得把这些搬进去，锁起来。"亨利说着转身朝会所走去，拒绝继续往下聊。

"我真的不确定这是不是适合我的俱乐部。"奥利弗大声说道。

"无论如何我们已经决定了。"亨利没有转身，关上了身后的门。

这一次奥利弗没有能够解决问题，他既没有改变委员会的决定，又没有找到问题的解决办法。那么，我们看看奥利弗犯了哪些错：

- 开始谈话的时候没有一个好的心态。

- 没有做好准备。

- 着急和亨利站在相反的立场。

- 未能就实际问题与亨利展开建设性的谈话。

如果我们再给奥利弗一次机会，让他用更好的方式和亨利交谈，为俱乐部的成员争取更好的结果，会怎么样？现在让我们看看他用这五个步骤时会发生什么样的情况。

共赢的结局

坐在车里，经过一天繁忙的工作和一次足球训练，奥利弗真的很累。但是想到他刚刚听到的事情，今晚除了找亨利谈一谈，他一点也不想做其他的事情。然而奥利弗知道，现在去找亨利谈话肯定会谈崩，他最好开车回家好好睡一觉，明天再说。而且明天是周六，亨利肯定会在俱乐部。这个时候绿灯亮了，奥利弗开车回了家。

奥利弗休息得很好，早上和女友丽莎（Lisa）吃过早饭后，心情变得非常好。（**第一步：保持积极心态**）他现在冷静地思考了一下昨天收到的信息，想清楚了自己的目标：想尽可能让所有想参加的年轻人都有机会参加俱乐部的活动。（**第二步：开始思考**）奥利弗认为，新任主席和他应该有着同样的想法，他们应该可以找到解决问题的办法。在试图描绘新主席的观点时，他对这个决定背后隐藏的原因产生了好奇。他决定和亨利见面的时候问一问亨利。他穿上训练服，出了门。

在车里，奥利弗开始思考其他的备选方案。如果问题是出在比赛组队员的比赛强度上，他想到了两个解决方案：可以将两个少年组合并成一个——这样，想多踢几场的人就可以多踢一点，踢比赛大概也不会缺人了；或者他们可以在两个少年组之间调动队员，虽然比赛的总体水平会降低，但是可以让每个想要参加比赛的队员参加比赛。

奥利弗到俱乐部时，刚下车就看见亨利在俱乐部的外面回收昨天活动结束后放在地上的小圆盘。这是一位尽职尽责的主席，奥利弗边走边想，并且默默重复着自己的快乐公式（"谢谢""派对""丽莎""贝斯特"）。

"你好！"亨利看到奥利弗，和他打了声招呼，同时弯腰从地上捡起最后一个小圆盘，"还好吗？"

"还不错，谢谢。"奥利弗回答。

"你现在可以给我一两分钟吗？"

"可以的，我就差把这些放到储藏室里了。"

"我拿这个！"奥利弗伸出手，拿起了前一天放在外面的球网。

奥利弗在俱乐部的会议室坐下后说："我听说你们正在为团队制订一些新计划。"

亨利说，因为他想起有些父母打电话来说，他们的孩子因为踢太多比赛而受伤，因此不得不请假，他觉得有必要做些什么。奥利弗听着，问了些问题并点头表示同意。（**第三步：建立良好的人际关系**）

过了一会儿，奥利弗认为他们关系保持得还不错，他就开始陈述自己的论点。（**第四步：选择合适的用语**）他详细描述了他对青少年体育运动的总体看法，以及他希望能让每个人都（需要）

有机会参加到活动当中。亨利望着奥利弗，点头表示肯定，脸上露出了严肃的表情。

奥利弗说："在我看来，取消少年组与全民参与体育的理念背道而驰，委员会是怎么看这件事情的？"

亨利也同意全民参与的理念，但他也必须解决孩子的父母们提出的问题。

奥利弗随后提出了其他的建议。亨利对他的建议很有兴趣，然后他问奥利弗是否准备好负责组织这次的选拔，组建一支青少年足球队，并负责这支球队的管理工作（亨利一点也不喜欢文书工作）。奥利弗说他可以负责文书工作，和孩子的父母们联系。亨利看起来对这个提议非常满意。

"我明天会再和委员会开会，告诉他们我们今天的谈话，然后我们可以在星期一的晚上再谈，好吗？"亨利说着伸出手来。

"当然可以。"奥利弗说。

他们握了握手，随后忙各自的工作了。

通过使用这五个步骤，奥利弗取得了比第一种情况更好的结果。

"等一下，你怎么就说奥利弗取得了一个好的结果？！"你现在可能会说，"他们还没有达成任何结果，不是吗？"

是的，他们现在还没有达成任何结果，但是现在他们达成一致的概率比第一个场景中的要大得多。很多时候事情就是这样的：我们总是想得到一些结果，但有时事情又不可能有什么结果——这不一定是一个劣势。

如果你不能当场做出决定，你可以得到更多的时间来思考下一步要做什么。以奥利弗为例，在第一次和亨利谈话后，奥利弗得到了更多的信息——亨利的解释以及委员会的决定背后的隐情。此外，奥利弗也和亨利建立了良好的人际关系，这对他们下一次的谈话很有帮助。奥利弗在下次谈话前再次使用"开始思考"这一步时，他可能会想到联系国家田径协会来寻求帮助。国家田径协会很有可能会给他一些提示，告诉他其他地方协会解决此类问题的经验，或者向他介绍一些相关国家法律法规。奥利弗在下次会面之前就能够拥有更多相关信息和更多备选方案来解决这个问题。

在持续进行的讨论中，通过使用这些步骤，即使问题没有立即得到解决，奥利弗也已经占据了相当大的优势。他不仅最小化了和俱乐部发生争执的概率，而且将做出一个好的决定的机会最大化，还为将来与亨利发展出良好的人际关系创造了条件。

第五个步骤可以做些什么

在这个例子中，奥利弗只需要使用前面四个步骤就足以说服亨利。当然，如果亨利拒绝讨论这个问题并回答道："我意已决，没什么可谈的了！"

这个时候，奥利弗就可以用到 B 计划，用转换视角的方式解决这个问题：

"你觉得如果一个俱乐部的领导层不商量解决问题，这个俱乐部会怎么样呢？"

或者以辩论的形式向对方提问：

"如果你是俱乐部的主教练，但是你的决定却和俱乐部的目标和规则不一致，你会怎么做？"

在本案例中，奥利弗并没有使用 B 计划。同样在现实生活中，通常我们也不需要使用 B 计划：处理好前四个步骤，通常你就不必启用备用方案或者 B 计划。通过前四个步骤足以让你和对方建立良好的人际关系，与各自的立场保持距离。

然而，如果由于某种原因，我们没有处理好前四个步骤，我们可以把第五步看作一个额外的机会，一个建立良好的人际关系、正确表达自己的机会。

我想用一个与情景相适应的例子来说明这五个步骤如何将达成一致的机会最大化，它们需要关注哪些需要，以及我们具体需要做些什么。正如前文提到过的那样，你的直觉判断与这些步骤同等重要。如果比起这些步骤，你有更适合你的情况的方法，你当然应该使用你自己的方法。以奥利弗为例，如果一个良好的睡眠能够使他心情愉快、拥有积极的感觉，那么一个良好的睡眠对于奥利弗来说就是最重要的；帮亨利收拾足球网可以让奥利弗更容易和亨利搞好关系，那么奥利弗就应该去收拾足球网。

请记住

● 休闲时间中的人际关系对我们来说很重要，在这种情况下，为了做出一个好的决定，我们要尽量避免不必要的争吵，并加强我们的人际关系。

● 使用这五个步骤的时候，你需要根据自己的情况，自由发挥，及时调整。

需要做的事情

● 练习这五个步骤，在具体的休闲时光中应用它们。

第九章
用沟通力法则应对难搞的人

世界上只有两种人，一种人给你以激励，另一种人让你疲惫不堪，所以要小心选择和你交往的人。

——汉斯·F. 汉森（Hans F. Hansen）

J.K. 罗琳（J.K.Rowling）的《哈利·波特》（*Harry Potter*）中有一些不太讨人喜欢的生物，这些生物叫作"摄魂怪"。摄魂怪是一种 3 米高的邪恶生物，穿着又长又黑的破烂衣服。它们最可怕的一点是当它们遇到某个人的时候，它们会吸走这个人的灵魂以及所有快乐的记忆，而被吸走灵魂的这个人只剩下了一个空壳。摄魂怪靠近的时候，周围会突然暗下来，附近的人也会被冻住，被可怕的回忆占据。

采访中，J.K. 罗琳讲述了自己创作摄魂怪的过程。创作摄魂怪的时候，她想到了一些极端消极的人，当这些人进入一个房间的时候，他们会直接吸干里面的所有生命，让每个人都感到不自在。我们在某个时候一定见过这样的人，他们就在我们中间。我称他们为"问题人格"。与在 J.K. 罗琳的世界中不一样，不幸的是在现实生活中要认出这些问题人格并不是那么容易。试图与这些人达成一致往往非常困难。实际上过于频繁地尝试与他们达成一致会危害你自己的健康和幸福。

在哈利·波特的世界里，哈利只需要使用咒语就可以让摄魂怪永远消失在烟火云中。然而不幸的是，在现实生活中，这件事情并不是那么简单。

我们需要做的是确定这些人的身份，并且认真地问自己：与他们达成一致是否值得我们付出努力？如果答案是肯定的，我的意思是如果它涉及对我们来说很重要的人际关系或问题，那么它就值得我们认真对待（除非你是在和一个精神病打交道，这个之后会详细说明）。此外还有一种方法可以帮助我们。

采取第一人称叙述法，有效化解冲突

问题人格是人质谈判专家经常面对的问题。FBI 在 20 世纪 70 年代发明了应对问题人格的方法，以最大化与问题人格进行建设性对话的可能。这些方法建立在心理学的第一人称叙述 (I-Statements) 理论基础之上，是一种随时可以使用的方法。

第一人称叙述法是指向对方解释他 / 她的行为对你造成了什么样的影响，并提供一个你和他 / 她都能接受的行为选择。第一人称叙述法是你的自我陈述，而不是对方的自我陈述。

第一人称叙述法之所以如此有效，是因为它既可以做到避免指责对方，又可以揭示我们真正的感受。如同在选择合适的用语一章中提到的那样，第一人称叙述法可以有效揭示我们的需求，同理，它也可以用以揭示我们的情感。使用这个方法，我们可以最大限度地唤起对方的同理心。下面是一个选择合适用语的简单的方法示例：

你和你的伴侣商量好了，他/她将在下午4点钟从日间托儿所把儿子雅各布（Jacob）接回来。下午4点20分，托儿所的工作人员打电话问你在哪里，他们之前通知过你必须要在4点之前将孩子接走。你现在最不想做的事就是和托儿所的工作人员吵架，所以你放下手头的工作，急忙开车去托儿所。托儿所的工作人员愤怒地看着你并指责你是一个不负责任的家长。你和儿子回到家之后，不一会儿，你的伴侣也回来了。然后你说：

"你去哪儿了？你还记得你答应过我什么吗？你说你会在4点前把雅各布接走，你怎么忘了呢？我现在没法完成明天要交的图纸，你知道我明天需要和新上任的总经理做展示，你知道这对我有多重要，可你为什么还这样做？你真是不可理喻！"

你能数一数上面一共有多少个句子？我数了一下，一共9句。但是只有很少的一些句子能让人听得进去。

心理学家发现，在爆发冲突的时候使用第二人称叙述就像火上浇油，火一下子就会燃起来。正在交谈中的人很有可能会因受到高度指责而采取自我防御和指责的措施。

为了避免冲突的急剧升级，我们可以像人质谈判人员一样使用第一人称。那么事情应该是这样：

"今天怎么了？托儿所打来电话说到 4 点了孩子没人接，再等下去就要收我们加班费，我听了之后只好立刻放下手头的工作开车去接孩子。我现在还得继续准备明天的展示，今晚必须把所有材料都整理好。我现在压力很大。"

在这里，比起第二人称，我们更应该使用的是第一人称。第一人称隐藏在争执的表面之下，能够激活对方的镜像神经元，让我们避免不必要的冲突。如果我们能以正确的方式构建语言，就很有可能改变对方的行为。在使用第一人称不仅可以向对方提出问题，而且不会让对方感觉受到了指责。

第一人称叙述法可以简单地定义为：描述你自己的感受，以及产生这种感受的原因。

因此，关键在于：如果我们必须要和问题人格或者有行为问题的人达成一致，那么，第一人称叙述法将是我们最佳的选择。

现在让我们再仔细看看问题人格都有哪些。

第一种：依赖型人格障碍者

小时候，我父亲带我去看魔术表演。当魔术师从一个金属锅里变出许多彩色丝巾的时候，我惊讶极了。魔术师时不时停下来的时候，我想：现在可以结束了吧？但他不停地从锅里面拿出丝巾来，最后他从锅里拿出来的丝巾几乎铺满了整个舞台。

在这里我要介绍的第一种人格类型也能带给我们同样的感觉。这种人格有着无穷无尽的需求，能够接连不断地提出问题。一个问题解决了，马上就会有更多的问题出现。这种人格通常被称为"依赖型人格障碍"。

每个人都需要他人的帮助，不是吗？我们需要他人的欣赏、肯定、爱和体谅，这些需要都是很自然的。但有些人只是想要从他人身上获取一些帮助，而另一些人则会把帮助他的人的能量全都吸走。在这里我们讨论的是后者。

这种人会让你在感情上、经济上或者在两者上都精疲力竭。最常见的情况是，无论你提供多少帮助或是提供多少建议，对方会认为你做得永远都不够。他们会一直从你身上寻求支持，直到你精疲力竭，躺在地上喘不上气。他们经常发出这样的信息：你必须帮我解决所有的问题，没有你，我真的活不下去。不管你做什么，你得到信息都是一样的：你做得远远不够。

如果你试图和一个患有依赖型人格障碍的人达成一致，你会发现到你得到的答案和反馈与你预期中的不同，所有反馈中都含有"额外的期望"。

一个患有依赖型人格障碍的人：

- 是一个永远无法填补的无底洞。

- 总是试图让你感到内疚。

- 有很多抱怨。

- 喜欢扮演受害者角色。

- 事情不顺心的时候，经常流眼泪或假装非常难过。

- 让你想避开的人。

试图与这样一个人达成一致，最终只会让你感到沮丧。因为你觉得你已经尽了一切力量来解决他／她的问题，但是你却没有得到任何回报。你也很可能会认为对方其实想要的并不是一个共赢的解决方案，尽管这样的解决方案是存在的。

现在的问题是：我们是放弃，还是再试一次？当然，这得由你自己决定，同时这也取决于你和对方的人际关系，以及这件事情对你的重要程度。

如果你仍然决定尽你所能来和对方达成一致，那么你可以试一试第一人称叙述法。

你可以这样做：

"我现在非常不开心。只要一讨论解决方案，就又出现了新的问题。我觉得，我们好像在不停地兜圈子，什么也没做。我现在很沮丧，甚至怀疑我们的努力是否有意义，我是否还应该继续下去？"

请记住，使用一次第一人称叙述法并不一定就能解决所有问题，找到快速解决问题的方案。你必须持续描述正在发生的事情对你产生的影响。如果你能保持冷静，反复描述你的感受以及造成这种感受的原因，那么对方很难将问题推到你身上。

第二种：控制型人格障碍者

如果你遇到一个只专注于自己的需要的人，而这种专注已经超过了正常的范围，那么你面对的很可能是一个控制型人格障碍者。有时直到事后我们才能确定控制型人格障碍者的身份：有时你认为你们已经达成了一个共赢的方案，但对方似乎一点也不想履行自己的责任，反而对你能为他／她做些什么更感兴趣。这样的人格只在乎他人能为他们做什么，而他们似乎从来没有花时间或精力为他人做任何事。

我的经验是，我们会经常在工作中遇到拥有这种人格的人，而我们对这些人往往也不太了解。他们很少能成为我们称之为朋友的人，原因非常简单，在我们感到沮丧失望的时候，他们只会让我们感到更有压力，他们总是为我们带来比我们想象中更多的工作。你可以通过以下几点在人群中辨别出控制型人格障碍者：

- 他们表现得好像一点也不知道该要求什么。

- 如果你给他们一些东西，他们几乎马上就会有其他想要的东西。

- 当他们离话题太远的时候，也不会表现出歉意。

- 他们经常谈论自己，很少听他人说话。

- 他们会让你觉得自己只是得到他们想要的东西的一种手段，而不是一个人。

- 他们的感谢并不真诚。

- 他们从不把他人的话放在心上。

- 他们总是让你失望。

- 有时你认为他们知道事情的底线，但你很快就会意识到事实上并不是这样。

当然，通常最简单、最有效的办法就是和获取者保持距离。如果和他们没有过深的交往，我们可以使用这个办法。但是如果我们需要和他们达成一致，或者——通常这才是问题的关键所在——我们希望对方能够遵守我们已经说好的事情，那么第一人称叙述法是一个可行的办法。实际操作起来可能是这样：

"你叫我做的事情让我觉得很委屈。我觉得我为你做的事情比你为我做的事情要多得多。我认为，达成一致意味着双方都应该尽其所能来完成他们已经说好的事情。我觉得总是我一个人在努力，我对你很失望。"

通过第一人称叙述法，你可以将你的观点传达给对方。有时，这足以让对方回到自己的位置上。但是，你还是应该问问自己，以后是不是最好和那个人保持一定的距离。

第三种：自恋型人格障碍者

依赖型人格障碍者很少会获取世俗意义上的成功，因为大多数人都会和这类人保持一定的距离，因此在许多情况下，他们并不会被人看好。然而，如果你遇到一个表面上看上去非常成功的人，但他/她一张嘴就惹人讨厌，那么你面对的很有可能是一个自恋者。

简单地说，自恋者表现得好像被宠坏了的孩子一样。他们的目的并不是伤害你（与接下来很快会谈到的精神病患者相反），他们只是不太关心你，习惯将你视为自己的观众或者崇拜者。研究表明，这种人格类型在同理心、换位思考方面存在相当大的问题。

临床心理学家有时用一个问题来诊断一个人是否自恋："请用1到10分来评价自己的自恋程度？"（对于这个问题，有一种解释是自恋等同于极度以自我为中心和极度自我。）

这个简单的问题之所以有效，是因为自恋者既不会意识到自己有自我欣赏的倾向，也不会羞于承认。他们单纯地认为自己比他人更有价值，而其他人只能为他们所用。

对自恋的人来说，相互满意、合作、人际关系或承诺的长期价值是非常有限的。和自恋的人一起找到一个共赢的解决方案自然也是极其困难的。此外：

- 他们经常抱怨他人。
- 他们常常给达不到自己标准的人起一些不好听的绰号。
- 他们常常被等级制度和地位所束缚，其中的地位是指他们自己的地位，有时甚至是他人的。
- 他们倾向进行自我批评。如果他们失败了，他们往往会把指责转向自己而不是他人。

那么，为什么总是有人想要尝试与自恋者合作，共同前进呢？可能是因为和自恋者在一起既令人兴奋，又让人有成就感，因此很有诱惑力。

如果你想试着忍受自恋者，那么最好的办法就是使用明确的第一人称。请记住，在这种情况下，第一人称叙述法一定会比其他方法更温和。自恋者通常不太擅长接受批评，这与他们完美的形象不相符。

在这种尝试中，你可以试着这样表达："我不确定我们要怎么展开合作。只考虑到你的立场和需要，而不考虑我的，我没法和你一起合作。"

你还必须随时准备好保持冷静，或者在事情变得不对劲的时候走开，之后再试一次。遇到自恋者时，一般的建议是：如果你的尝试没有任何效果，同时对方还在持续给你带来负面影响，你最好远离这个人。

第四种：反社会人格障碍者

一位名叫罗伯特·黑尔（Robert Hare）的美国研究员和一位博士生联合发表了一篇文章，文章中含有一些正在进行语言测试的人的脑电波图片。该期刊的编辑随后发现这些图片有问题，立刻将文章退给了作者，告诉他"正常人的脑电波图不可能是这样"。

从某种意义上来说，这个编辑是对的，因为这些脑电波图来自一群精神病患者，他们冷酷无情、肆无忌惮。他们缺少一项人之所以为人的最重要物质：镜像神经元。因此，他们先天缺乏同理心和与他人相处的能力。这是我们能遇到的最危险、最有问题的人格 [1]。

---

1 对于反社会人格障碍者是否缺乏镜像神经元，还是暂时"关闭"了自己的镜像神经元的问题，研究人员的看法并不完全一致。但反社会人格障碍者表现同理心的能力远远低于正常人。

依赖型人格障碍者、控制型人格障碍者和自恋型人格障碍者在问题的表面之下，仍然有理解他人感受的能力。这些性格类型的人如果在街上发现一个钱包，他们仍有可能会同情丢了钱包的人，甚至会设法做点什么，帮助钱包的主人找回钱包。但反社会人格障碍者却不是这样的，他/她会把钱包里的东西掏空，然后把钱包扔进垃圾桶里，丝毫不会感到不安或不对劲。

耐心地使用第一人称叙述法可以触发依赖型人格障碍者、控制型人格障碍者或者自恋型人格障碍者的镜像神经元，就像在灰烬上再次引燃火焰一样，只要灰烬中还有一点点火星，事情就还有转机。

试图唤起一个反社会人格障碍者的同理心就像试图让一块石头燃烧起来一样，由于缺乏必要的生理基础，这是完全不可能的。

反社会人格障碍者通常都是成功人士，他们喜欢处在位高权重的位置上，这样他们就可以肆意妄为，展现自己的愤世嫉俗。

如果你在生活中遇到了这类人，我的建议是：尽一切努力远离他们。因为一旦给了这些人机会，他们就会在经济上和感情上击垮你。尝试与一个病态人格者讲道理或者与他们建立良好的人际关系根本是不可能的。并且从各个方面来说，这种尝试都会让你付出高昂的代价。

那么我们如何才能识别出反社会人格障碍者呢?

研究人员对此进行了多年的研究，总结出反社会人格障碍者的三个重要特征:

● 他们没有同理心。

反社会人格障碍者没有同理心，因为他们缺乏镜像神经元。

● 他们会欺骗和愚弄他人。

反社会人格障碍者无法抗拒欺骗他人的诱惑。他们想要骗人的欲望像酒鬼想要喝酒的欲望一样，根本无法抗拒。他们有三个最喜欢的东西：金钱、权力和胜利。他们根本不在乎道德或社会规则，想想《华尔街之狼》（*The Wolf of Wall Street*）里的戈登·盖尔（Gordon Gekko），或者《纸牌屋》（*House of Cards*）里的弗兰克（Frank）和克莱尔·安德伍德（Claire Underwood）。在不同的语境里，他们利用典型的操纵手法——内疚感、欺凌或恭维来达到他们的目的，满足自己天生的欲望，欺骗他人。

● 他们和自恋者一样。

反社会人格障碍者和自恋者拥有同样的特征，但他们与"被宠坏"的自恋者最大的不同在于，反社会人格障碍者不仅会以自我为中心，而且极其危险。他/她对自己能做什么和不能做什么缺乏基本的认知，再加上低冲动控制，这些特征在反社会人格障碍者身上就像调制好的鸡尾酒一样，让人尤其感到不悦。

我要说的很简单：如果你遇到了一个符合上述描述的人，千万不要尝试与其合作；相反，你应该把他们看成一种危险的有毒生物。而你要做的也很简单：尽快远离他们！

请记住

● 在日常生活中，我们都或多或少都会遇到一些问题人格。对于依赖型人格障碍者、控制型人格障碍者或者自恋型人格障碍者来说，我们可以试图唤醒他们处于休眠状态的镜像神经元，与其达成一致。因为，他们具有合作所必要的生理基础——镜像神经元。

● 如果你遇到的是一个反社会人格障碍者，那么我的建议是：尽快远离这个人。无论从生理上还是从情感上来说，精神病患者都是极其危险的。

需要做的事情

● 当你遇到一个问题人格（除反社会人格障碍者以外的人格），你可以试着通过非指责性的第一人称叙述法来唤醒他们的同理心。如果经过反复的尝试，你仍然没有与他们建立联系，你应该考虑放弃这种尝试，转身离开。

关于沟通力法则的问题与解答

　　四处旅行讲课的一个好处，是我可以从各种各样的听众那里得到各种各样的反馈信息。有时听众会在演讲当中举手发言，直接和我交流。但更多的时候，听众会在演讲结束后，走到我跟前和我交流他们的生活、经历，或者根据我的演讲提出问题。我非常喜欢和听众进行交流，因为这往往会激发一些有趣的讨论。我常常会带着新的案例和方法离开，到下一个地方继续去传达我想要传达的东西。

问题 1：对我来说，检验本书想法的最好方式是什么？

　　如果你一辈子都在参加游泳训练，却不愿意就游泳本身展开思考，或者尝试练习新的技术，那么你可能训练了一辈子，但是你的游泳技术却没提高多少。

　　这一点同样适用于学习与他人达成一致的技巧。在这里推荐一种我称为"事前三思，事后反思"的方法：

　　事前反复考虑你需要做的事情，事后对事情的结果进行反思，这样你可以发现一些效果很好、将来也可以沿用的方法，或者排除一些不太好用的方法。你需要一边实验一边对实验结果进行反思，让这本书中的五个步骤成为你自己的东西。这些事情听起来麻烦，做起来其实很简单。

同时，你不要把这五个步骤想象成一项艰巨的家庭作业。相反，我们应该采取一种轻松的态度，在不同的场合尝试各种技巧和方法。也许你可以从一个对你来说不是很重要的问题开始练习。

问题 2：在谈话开始之前，让自己拥有一个强硬的态度，而不是积极的心态，这是一个好主意吗？

通过前文的介绍，你应该知道一个好的心情会让我们获得很多重要的能力。一个好心情往往可以让你获取一个好的结果，但是一个不好的心情往往可以毁了它。

这里我们需要记住一件非常重要的事情：我们可以在发生争执的问题上非常强硬，但是我们不能让自己表现得很暴躁、很不和谐。如果我现在对着一个每天早晨从我家经过的卡车司机说："卡车在居民区内的行驶速度达到了每小时 80 公里是非常危险的。"

听起来我像是在找事吗？不，甚至听到这番话的卡车司机本人也不会这样看我，但是我却向卡车司机说明了这件事情对我的重要性。态度坚决、强硬成了我的一个优势（正如我在选择合适的用语一章中写的那样）。

在争论点上表现得很明确、很强硬，是我们经过深思熟虑而使用的一种策略，而不是我们在发脾气或是处于即将爆发的边缘时的态度。刻意而为的"强硬"可以避免让我们经历真正的坏心情带来的负面影响（降低我们的智商，削弱我们的能力）。

问题3：练习这五个步骤的时候，他人会怎么看我们？

当你练习这五个步骤的时候，他人一定会认为你是一个有同理心的人，并且相信你可以找到非同一般的解决方案。

我怎么会有这样的断言呢？原因很简单，这些步骤能够帮助你认真对待对方，倾听对方说话，重视对方看重的事情，让你变得很有创造力，能够找到让双方都满意的解决方案。

使用这五个步骤的时候，我们不需要在做一个好人和得到应得的东西之间进行选择，实际上我们既可以做一个好人，又能得到我们应得的东西。

问题 4：站在各自的立场上讨价还价是否有意义？

如果你不在乎与对方的人际关系，又不担心浪费自己的时间和精力，在讨论一些对你来说不那么重要的事情的时候，你也可以选择在各自的立场上讨价还价。

如果你正在一个离家千里、阳光明媚的地方度假，你有很多空闲的时间可以消磨。你正在一个市场里闲逛，突然一个本地的手工艺品销售商向你走来，虽然你对手工艺品并不是特别感兴趣，但是如果价格合适的话也可以买下来，反正也没有什么影响。如果这个销售商想和你进行一番激烈的讨价还价，你或许还可以和这个销售商继续聊下去。

除了上面这种情况，在生活中真的很难找到在自己立场上讨价还价还能得到回报的情况。原因很简单：对你越重要的情况往往越难处理，而站在各自的立场上讨价还价只会得到一个不太好的解决方案。

问题 5：如果有人使用"阴谋诡计"，我该怎么办？

我们都遇到过这样一种情况：有人试图对我们使用"阴谋诡计"。阴谋诡计是指某人试图通过不公平的方式，如谎言、一些卑鄙的小伎俩、欺骗或其他一些手段给我们施加压力以获取优势。

"好警察／坏警察"是一个经典的心理战术。两个人分别扮演一个强硬的角色和一个善良的角色，同时对一个人施加影响。

无论面对何种卑鄙把戏，我们需要解决的问题只有一个，那就是我们应该怎么做才能化解对方的把戏？答案很简单：**质疑对方**。

质疑对方往往足以对付这些把戏。因为整个把戏往往是建立在你不知道对方在耍把戏的基础上。公开谈论对方耍的把戏可以向对方表明你知道他／她在对你耍把戏了，而这种自我袒露则会让对方开始担心你可能会退出讨论。让我举一个简单的例子：你意识到有人在对你使用臭名昭著的"好警察／坏警察"，那么你可以用一种中立的、非指责的语气问：

"彼得（Peter），虽然事实上可能并不是我想的这样，但我觉得你和安娜好像一个在扮坏警察，一个在扮好警察。你们最好别跟我耍把戏，请和我好好谈谈。"

事实上，这样做往往足以表明你已经知道了对方在耍把戏，想让对方停止使用肮脏的伎俩。

问题6：如果对方比我更强势，我该怎么办？

首先，我要强调的是使用这五个步骤可以让你变得更强。从哪些方面来看呢？这五个步骤可以帮助你和对方建立一个稳固的人际关系，这可以给双方和共同商量的结果带来好处；你变得更善于表达自己的需求和兴趣。此外，你的力量还来自对双方看重的事物的理解，你对对方的理解越深入，就越容易适应他人的需要，从而避免付出高昂的代价。

不过，有时候你会发现对方手里的牌的确比你的更好。在这种情况下，他/她很可能会利用这种优势给你施加压力。你意识到对方比你更有优势，感到压力倍增时，你应该怎么做才能巩固你的地位呢？答案很简单，那就是多思考一点。如同在第四章"开始思考"这一章中描述的那样，准备几个备选解决方案可以给你带来一种安全感。如果你想进一步巩固自己的地位，你可以考虑选择使用自己的备选方案。也就是说，你可以放弃和对方的合作，考虑一下与其他人合作的可能。

例如，在面试时，你发现这个老板会给你带来很大的压力，那么解决方法就是换一个工作。你可选择的范围越广，你的感觉就会越平静，你也会觉得自己越强大。

不过，请注意，这条建议只适用于职业领域，因为职业领域中的人际关系本身对你没有太大价值。但也正是在职业领域中，我们经常会遇到位高权重的人利用自己的强大为自己谋取利益的情况。

问题 7：如果和我谈话的人似乎根本不想合作，我该怎么办？

如果即使使用了 B 计划也没能成功地让对方合作，现在我们只能使用用来对付问题人格的方法了（这个人现在绝对有资格加入问题人格行列）。第一人称叙述法将发挥重要作用：

"我现在非常失望。我很想找到一个对双方都有利的解决方案，但我感觉你根本不想和我合作。"

这通常会引起一场关于你们应该如何对待对方的讨论，在这种情况下，这种讨论通常是非常积极的。在你们就有关问题达成一致之前，你们将首先就如何与对方相处达成一致。然后，你们会开诚布公地讨论一些事情，这往往是解决问题的第一步。

相反，以牙还牙永远不会解决问题。研究表明，在这种情况下，人们会倾向模仿对方的行为。这对我们来说实际上是一个好消息，因为当你表现出合作的意愿时，另一方会受到你的"感染"（通常是在不知情的情况下），开始采取更具建设性的行动。

问题 8：所有情况都需要使用所有的步骤吗？

不，当然不是。有时候，你们已经自然而然地到了某个特定步骤的使用阶段，你就可以直接使用这个步骤，然后接着往下走。

假设你即将和工作中的某人会面，双方的心情很好，关系也很融洽，那么，你就可以把更多的精力放在制订备选方案上（制作一个重要事项清单）。我之前也提到过，要根据你所处的环境调整你的使用步骤。

问题 9：当我们需要达成一致的时候，我们是必须见面，还是通过电子邮件或电话商谈也可以？

在哈佛大学进行的一项实验中，研究人员将实验参与者分成了两两一组，要求每组成员就某件产品的买卖达成一致。进行商谈的方式有三种：直接面对面进行交易，通过电子邮件进行交易和通过电话进行交易。

实验发现，面对面交易组中 60% 的小组成功做出了对双方都有利的决定，而电子邮件交易组的成功率仅为 22%，电话交易组的为 38%。此外，电子邮件交易组中超过一半的实验参与者最终放弃了达成一致的尝试，而在面对面交易组中的数据为 19%，电话交易组中的数据为 14%。

该实验提供的一种解释是：无法面对面交流会使得镜像神经元的作用被削弱甚至完全丧失。换而言之，无法面对面交流会降低对对方的信任程度，从而倾向将对方设想为一个图谋不轨的人。但是在只能使用电子邮件或电话交流的情况下，我们如何解决这个问题呢？一个办法是不要过早地提出问题，先花时间营造一种私密的氛围。另一个方法在发送邮件之前反复阅读自己的邮件内容，同时进行推理和演绎，确保自己写的内容清晰明了，不会让对方产生误解。一旦你发现对方似乎有了误解的时候，立刻通过电话或者线下见面的方式找对方聊一聊。

另一种办法是我们可以将线下见面和线上谈话相结合。你可以定期和对方进行线下会议或电话会议，而通过邮件或短信进行大多数的通信来往。

问题 10：如果最后做出的决定实际上对某一方很不公平，我们也可以达成一致吗？

沟通后做出的决定是让双方事后不会后悔的决定。如果对方只是在那个时候没有发现你们的决定实际上对他／她很不公平，你应该选择三思。

一个丹麦游客给我讲了一个他在中东度假的故事。他参观了一个市场，看上了一张手工毛毯。这是一张纯手工制作的毛毯，是由一家人用了很长时间才做出来的，这家人允许他用德国马克付款。然而这家人不知道的是，由于魏玛时期两次世界大战的恶行通货膨胀，德国马克早已分文不值。但是他还是给这家人一些毫无价值的马克，甚至在回家后继续吹嘘自己这次的功绩。

我敢肯定，他现在只要看到家里墙上的毛毯，他始终还是会感到非常不安。生活中总有一些比金钱更重要的东西，它们能让我们成为更好的自己。

所以我给你的建议是，如果你发现这个决定显然对对方不利，那么请将自己设想为人质谈判代表或青少年的父母，从某种意义上说，对方的问题通常也是你的问题。

结束语　让沟通力法则成为行动准则

正如我在本书的开头所强调的那样：你可能很聪明，也很擅长与他人达成一致，但是学习一些相关的知识，了解有效的方法技巧以及它们为什么有效，能够提高你得到正确答案的概率，并提高你的生活质量。

本书为你介绍了五个简单的步骤以及数个有用的技巧，这些步骤和技巧均源于相关的科学研究。同时，经过多年的实践，我也确认这些步骤的有效性。

现在你需要做的就是练习在本书中所学到的东西。仅仅阅读比约恩·博格（Björn Borg）的自传并不能让你成为一名优秀的网球运动员，因为你还需要在球场上练习。通过练习，你很快就可以学会如何做出更好的决定，减少与他人的争吵，增强和他人的人际关系，与他人进行合作。

共赢是一个普遍的原则，合作远比矛盾或者竞争对我们更有利。长远来看，共赢不仅仅能够改善你的生活，同时也能为他人带来好处。

想想现今世界上存在着多少麻烦和冲突？世界上有多少人正在通过不道德、不正当的手段对他人进行剥削，让对方成为失败者而让自己赚得盆满钵满?

如今，社会的可持续发展性是我们每个人都在讨论的主题。而社会的可持续发展性则是一个信号，标志着许多人已经意识到，伤害他人最终也会伤害到我们自己。同时，不计后果、滥用地球资源也将使我们受到惩罚。

在你成功地创造了一个共赢的结局时，我希望你能够对自己说："我现在已经做得很好了，就算是各国的领导人也有很多需要向我学习的地方。"

我们对生命和其他人的态度也能影响到他人，当我们做一些对他人、对国家或地球有益的事情的时候，我们也在为创造一个更美好的世界而努力。我知道这说起来容易做起来难。虽然不是每一次的尝试都能成功，但是每一次尝试都是有意义的。

写这本书的时候，我很开心。我非常荣幸能有这个机会来向你介绍我多年来的研究。因此，我当然想尽我所能，让你也有同样的感受——共赢。

欢迎你访问这本书的主页 larsjohanage.com，可以向我提出问题，我们一起找寻答案。另外，你还可以获取该领域最新的研究成果。

拉尔斯－约翰·艾吉